Divine blessure

Jacqueline Kelen

Divine blessure

Albin Michel

Albin Michel
▪ *Spiritualités* ▪

Ouvrage publié sous la direction
de Jean Mouttapa

« Si l'on désire un amour qui protège l'âme contre les blessures, il faut aimer autre chose que Dieu. »

SIMONE WEIL

Introduction

Aucune vie intense n'est exempte d'épreuves. Aucun cœur aimant n'échappe à la brisure. Plus haut vole le désir, plus il est menacé. Et toute âme noble se voit en ce monde meurtrie et injuriée.

L'honneur de l'être humain est de se relever, non de se plaindre, non de se résigner. La grandeur d'un héros se reconnaît à ce qu'il subit des coups mais refuse la défaite : aucune plaie ne le fait renoncer à sa liberté.

Qu'elle apparaisse sous forme de déchirure d'amour, de beauté ou de douleur, la blessure a pour sens d'ouvrir l'homme à l'inconnu, voire à l'illimité. Et d'abord elle rappelle que toute grande rencontre laisse une trace ineffaçable et que la grâce d'être touché au cœur désigne, élit même l'être véritablement vivant.

Tous les humains ne sont peut-être pas appelés à une quête héroïque, à une élévation mystique ; du moins doivent-ils mériter ce qualificatif d'humanité qui est bienveillance, bonté, accueil. Or, en allant vers l'autre, en l'écoutant, on court le risque d'être ému, bouleversé. C'est pourquoi beaucoup préféreront revêtir une carapace d'indifférence ou de froideur qui, croient-ils, les protégera, en fait qui montrera leur peur et leur carence d'humanité.

Il y a une folle illusion à se vouloir à l'abri de tout, illusion soigneusement entretenue par la société moderne. De qui, de quoi peut-on se garder ? de la malice du monde, de la trahison et des peines amoureuses ? de la charge des ans, de la mort ignominieuse ? Qui se pense assez puissant ou assez riche pour écarter le malheur ? Le monde contemporain, qui ne parle que de bien-être, de bonheur, de santé et de sécurité, se trouve accablé d'une terrible maladie, la maladie d'infantilisme. Aussi n'invoque-t-il que ce mot magique qui trahit son effroi devant la fragilité et le trépas : « guérir ». Grâce à la recherche scientifique, grâce à telle plante, telle gymnastique, tel régime alimentaire, en recourant au besoin à la méditation, à la récitation de mantras et autres recettes zen ou chamaniques, la créature humaine peut se protéger de tout, et surtout oublier qu'elle est mortelle. L'obsession de guérir anesthésie la conscience et étouffe le questionnement métaphysique.

Or, il n'est que deux façons d'être indestructible : soit à la façon d'une machine imperturbable que l'on entretient en changeant les pièces, en veillant sur le mécanisme ; soit en découvrant son essence immortelle. La seconde voie est celle qu'indiquent et que nourrissent la philosophie véritable, les spiritualités des diverses traditions ainsi que les mythes qui sont des éveilleurs de conscience et des passeurs de sagesse.

Pour la plupart des gens, guérir équivaut à ne plus jamais avoir mal. Supprimer la souffrance, l'inquiétude, au bénéfice du seul épanouissement de soi qui est bonheur, bien-être. C'est un enfermement redoutable et un rêve chimérique. Mais dans les récits initiatiques et les textes sacrés, guérir signifie réparer la blessure de l'homme mortel, c'est-à-dire restaurer celui-ci dans sa nature édénique, dans son être seigneurial.

Ainsi, la blessure n'est ni la souffrance ni le mal, elle est au contraire le rappel que notre nature véritable n'est ni limitée ni souffrante. Elle donne accès à une autre perception, elle est une aspiration à un infini que ne peut combler aucun bien de ce monde.

Le pas du lion

On rapporte que saint Jérôme vécut durant trente-cinq ans dans une grotte avec un lion pour compagnie. Le fauve était venu trouver l'ermite qui lui avait retiré une épine profondément enfoncée dans la patte. Reconnaissant, l'animal avait élu domicile auprès de l'homme charitable, visité des lumières d'en haut. On raconte des faits similaires à propos d'autres saints hommes qui, partis au désert ou dans la forêt, firent amitié avec un ours, un loup ou un autre animal féroce qu'ils avaient soigné.

L'apologue peut s'entendre ainsi : le lion (ou l'ours) représente notre nature sauvage, violente, orgueilleuse, les instincts et passions qu'il s'agit de maîtriser, autant dire l'homme charnel. Or, le lion est blessé et l'épine fichée dans sa patte est un aiguillon qui à la fois l'empêche d'être pleinement heureux de son sort et le pousse à chercher un remède. L'animal vient demander de l'aide à un homme reclus en Dieu, non pas à un médecin ordinaire. En ôtant l'épine de la patte du fauve, Jérôme délivre et apaise l'animal, à la façon dont les puissances spirituelles libèrent l'homme charnel : l'Esprit guérit parce qu'il éveille la créature à sa nature immortelle. Désormais, le lion vit en bonne intelligence avec l'ascète, certains disent même qu'il se nourrit d'herbe : réconciliation des aspects terrestre et céleste de l'être humain, passage de la dévoration à la contemplation. Tout un chemin spirituel pour qu'éclose l'homme intérieur, l'être nouveau. Encore fallait-il que le lion ou l'ours fussent blessés, et à la patte, afin d'orienter différemment leur marche. La blessure s'avère le contraire de l'entrave, elle invite à la quête, elle appelle à une infinie liberté.

I.

La faille, l'éveil

« Peut-il y avoir des remèdes humains pour ceux qui sont malades du feu divin ? Qui sait jusqu'où va la profondeur de cette blessure ? »

THÉRÈSE D'AVILA

Rûzbehân, le grand mystique de Shîrâz qui vécut au XIIe siècle, fut à la fin de son existence atteint d'une sorte d'hémiplégie qui ne paraissait pas le tourmenter mais à laquelle son entourage voulait trouver remède. On raconte qu'un de ses disciples entreprit sans rien dire un voyage jusqu'au Caire afin d'obtenir un baume précieux qui guérirait son maître. Lorsqu'il revint tout joyeux auprès de Rûzbehân en lui tendant le flacon, le soufi le remercia de tout son cœur mais lui dit d'aller à la porte de la ville où se trouvait un chien galeux et de frictionner la pauvre bête avec cet onguent qui sans nul doute le soulagerait. Et il ajouta : « Sache que ma souffrance n'est pas de celles que l'on soulage avec un baume de ce monde. »

Il est des maux que la médecine peut soigner, et des blessures que rien ne peut apaiser parce qu'elles sont l'expression d'une soif ou la trace vive d'une rencontre. Allégresse et tourment tout à la fois, elles relient au Divin et, sur le plan terrestre, ouvrent à la compassion pour toute créature.

Guérir de tout

Notre époque qui a enseveli le « souci de l'âme », cher à Socrate, sous le matelas de la psychologie et des diverses thérapies, refuse d'admettre la blessure qui lui paraît défaillance dans le système, insupportable faiblesse. Certes, on parle beaucoup des blessures psychologiques telles que l'abandon, l'humiliation, la trahison, le rejet, et on s'ingénie à colmater ces failles. On fait presque croire aux gens que, les meurtrissures de l'enfance une fois apaisées, c'en est fini de la souffrance et du malheur et qu'ils seront tranquilles, épargnés pour le reste de leurs jours.

Voilà pourquoi les diverses plaies ne sont évoquées que pour s'en plaindre, d'abord, puis pour les refermer. Ici le maître mot de guérison brille de tous ses feux, jette sa poudre aux yeux. Il est frappant de constater l'entassement d'ouvrages portant sur ce thème et qui ont soin de mettre dans leur titre le terme « guérir », qui fait acheter. C'est toute une mentalité égocentrique, incapable de gratuité et de joie, qui s'exprime ainsi. Désormais, les moindres activités et plaisirs de l'existence se voient astreints à un seul but : soigner ou guérir l'individu. L'art, l'écriture, le théâtre, la promenade en forêt ou la nage en compagnie des dauphins, le chant, le rire, le jardinage, un verre de vin : tout devient thérapeutique. Plus grave, les pratiques spirituelles telles que la prière, le silence, la méditation, ou encore les textes sacrés ne semblent avoir d'autre utilité que d'être bons pour notre santé. La seule question préoccupante n'est pas le souci de l'âme mais bien la préservation et la conservation du cher petit moi.

Les Évangiles, la Kabbale, le soufisme, le bouddhisme

zen sont présentés comme capables de soulager nos maux non pas par un dépassement et une libération des revendications personnelles, mais parce qu'ils procurent le calme ou un certain réconfort, parce qu'ils nous protègent de la dépression ou du désespoir, nous aident dans les épreuves du quotidien... Dorénavant, dès que j'aperçois le mot « guérir » dans un titre, je n'ouvre même pas le livre. Tout cela participe d'une manœuvre publicitaire assez facile qui flatte les ego, se montre sécurisante, et ne veut surtout pas que l'individu devienne libre et conscient. C'est une tactique d'enfermement et d'asservissement. À l'opposé de la dignité et de la grandeur possibles de l'être humain. Les nouveaux axiomes, à défaut de proposer un sens à la vie, une espérance, deviennent : vivre, c'est ne pas souffrir ; et bientôt, grâce au progrès, vivre, c'est ne pas mourir. Avec le corollaire immédiat : vivre heureux, c'est être protégé de tous maux et difficultés. Ces illusions sont largement entretenues par une science médicale souvent arrogante, par des laboratoires pharmaceutiques, par des thérapeutes douteux et de faux maîtres spirituels, tous intéressés par le pactole. On en arrive ainsi à cette dépendance : l'obsession actuelle du non-souffrir ou du guérir devient bien plus aiguë et enfermante que la souffrance elle-même ; elle est également plus lucrative.

Le risque de vivre

Voilà, entre autres, pourquoi j'ai eu envie de parler de la blessure et même de la célébrer. Non par dolorisme mais pour élargir l'espace où l'on confine les hommes naturellement peureux, pour faire quelques brèches dans leur prison qu'ils veulent peindre en rose. Pour rappeler le goût de s'aventurer, de risquer, de s'ouvrir à ce qui advient. Tous les héros du mythe, guerriers, savants ou amoureux, sont blessés, tous les pèlerins spirituels rencontrent sur leur chemin l'arrachement, la brisure, et il n'est aucun mystique qui n'ait chanté l'irréversible blessure de l'amour et qui s'en soit voulu guéri. Ce sont eux qui nous serviront de guides. De passeurs de liberté, d'amour et de noblesse.

La blessure vive dont ils témoignent par-delà les siècles ne s'apparente ni à une maladie ni à un désordre psychologique. La plupart du temps elle ne s'exhibe pas mais demeure secrète parce qu'elle a trait à l'homme intérieur. Dans les récits mythiques et initiatiques on montre le héros meurtri et écorché pour faire comprendre les transformations de son être et d'abord les ouvertures faites dans la forteresse du moi égocentrique. Tous ces aventuriers de l'âme nous invitent non pas à souffrir mais à *vivre passionnément*. En affrontant l'inconnu, le danger, en accueillant la merveille, ils nous appellent à la grandeur et aussi au mystère, là où les plus nombreux se contentent d'être des mortels, uniquement soucieux de prolonger indéfiniment une existence étriquée. La blessure a pour vertu première de réveiller, de faire sortir de la torpeur, de l'habitude.

Il est bon de préciser dès ici la grande différence qui sépare les meurtrissures psychologiques de la blessure spirituelle. Sur le plan psychologique, l'individu se sent atteint par la méchanceté, l'injustice, le mensonge, la froideur, l'humiliation. Il s'éprouve lésé, agressé, il est une victime. C'est la manifestation d'un monde de laideur, de choses négatives qui l'a affligé. Et, bien sûr, il cherche à être compris, choyé. Son moi doit être guéri de toutes ces blessures. Mais sur le plan spirituel, l'être n'est pas blessé par des choses douloureuses, il l'est avant tout par l'Amour, la Beauté, la Sagesse, l'Infinité de Dieu. Il se sent dépassé, profondément atteint et arraché à lui-même. Ces hautes révélations renvoient l'homme à ses limites, à son insuffisance. Et à son prétentieux petit moi qu'il ne s'agit plus de conforter mais bien d'oublier, du moins de mettre à sa juste place. Ainsi, la blessure spirituelle offre à chacun la chance de sortir de sa citadelle et de se relier à la Source. Se reconnaître blessé est un premier pas sur la voie.

On peut aborder de trois façons la blessure que l'on ressent : soit on cherche à la refermer, et on se situe au niveau thérapeutique ; soit on fait un travail de transformation, à la façon dont la perle naît d'une écharde dans la chair de l'huître, et c'est un chemin initiatique ; soit on la garde vive, et c'est la voie mystique. Dans cette troisième démarche l'être se sait inconsolable parce que touché, appelé par l'Infini.

Je tiens à l'écrire une fois pour toutes, pour bien faire la distinction entre la valeur transformatrice de la blessure et le goût de souffrir. Toute dévotion peut connaître des déviations et des perversions. Et toute souffrance peut être récupérée par une religion qui veut asseoir son pouvoir et contrôler ses fidèles. Or la douleur n'est pas en elle-même sanctifiante et l'humiliation volontaire qui va jusqu'à l'abjection n'a rien d'une délivrance.

Le dolorisme, dont le catholicisme du XIXᵉ siècle a souvent témoigné, est un asservissement tandis que la blessure que chantent les mystiques ouvre à une liberté et à une joie qui rapprochent de Dieu.

C'est un psychanalyste dissident, fort intéressant, Georg Groddeck, qui écrivait : « La maladie nous terrifie parce que les blessures ne nous atteignent plus. » Le philosophe chrétien Jean Guitton* en prolonge en quelque sorte l'écho dans cette réflexion : « Les péchés de jadis étaient pareils à des blessures faites à l'arme blanche ; leurs contours étaient nets, et le sang qui coulait de la plaie était sain. Ceux de nos jours seraient plutôt semblables à des lésions internes, à ces maux qui atteignent la cellule. » Le malaise que ressentent de plus en plus les hommes du monde contemporain, en particulier les habitants des pays riches, viendrait moins des souffrances psychologiques subies que du désir forcené d'éviter toute souffrance, du déni de la blessure.

L'inoubliable rencontre

Déjà, au VIe siècle, dans un texte capital, *Moralia in Job*, Grégoire le Grand affirmait clairement que la santé ne consiste pas en l'absence de toute meurtrissure et que la véritable maladie vient de l'oubli de la blessure. Prenant appui sur la douce plainte de la Bien-Aimée du Cantique, « Je suis blessée d'amour », Grégoire le Grand évoque les atteintes que le péché et le désir font à l'homme endurci, avant de montrer combien l'amour divin touche profondément l'âme devenue sensible, l'âme qui se sent en exil. Cette blessure irréversible devient brûlure et flamme, aspiration à l'Unique, seul Désir. L'être spirituel est semblable

* Les références bibliographiques se trouvent en fin de volume.

à l'amante du Cantique, femme de toute beauté et de haute ferveur qui cherche sans se lasser celui que son cœur aime et par qui elle se sait profondément marquée. Grégoire le Grand en vient à ces considérations : « La santé du corps n'a plus aucune importance pour celui qui a été frappé par la blessure de l'amour. En effet, la santé d'un cœur qui ignore la douleur de cette blessure doit plutôt être appelée maladie. Mais lorsque le désir se met à aspirer fortement vers les choses du ciel, et que la blessure de l'amour devient sensible, l'âme qui auparavant était malade corporellement recouvre maintenant la santé grâce à la blessure. La blessure lui rend la vraie santé, parce que son trouble la rappelle vers la sûreté du repos intime de l'amour. »

J'entends déjà les objections : mais il s'agit ici d'une blessure très particulière, et le Cantique n'est pas notre lot quotidien... Or, la blessure d'amour est l'unique blessure, celle à laquelle toutes les autres – les physiques, les psychologiques – ramènent. Je veux dire : la blessure faite par l'Amour.

Chacun de nous a connu des peines et douleurs amoureuses pour avoir été trahi, abandonné, pour s'être senti mal aimé, humilié, ou encore en raison de l'absence ou de la mort de l'être cher. Mais la blessure irrémédiable, heureuse aussi, causée par l'Amour vient d'une rencontre ineffable, splendide : désormais, celui qui a été touché aspire de toutes ses forces à rejoindre cette immensité qui est son climat, à se fondre en cet Amour qui est son être véritable, éternel. La haute blessure l'engage à une approche sans fin, le meut en un désir inlassable. Ainsi, toute illumination d'amour se révèle en même temps, d'un même coup de flèche ou de lance, blessure inoubliable.

Au XIIIe siècle, le franciscain toscan Jacopone de Todi élève dans ses *Laudes* un chant intarissable :

« Amour, Amour, qui m'as blessé et meurtri,
rien sinon amour ne puis crier ;
Amour, Amour, à toi suis uni,
rien ne puis sinon t'embrasser ;
Amour, Amour, fort tu m'as ravi,
toujours mon cœur s'étend pour aimer... »

Les marques et meurtrissures dont nous sommes atteints sur le plan corporel ou dans notre psychisme, nous pouvons en devenir les porteurs, c'est-à-dire faire en sorte qu'elles nous portent vers une soif plus grande, vers une plaie plus douce. Lorsqu'une personne évoque ses blessures psychologiques, elle ravive ce dont elle manque, ce dont elle a été privée : tendresse, sécurité, estime, reconnaissance, etc. Tandis que la blessure spirituelle rappelle à l'être humain ses manquements et défaillances réitérés envers la Beauté, la Sagesse, l'Amour. On le voit, c'est un retournement total. Meurtri ou indemne, l'individu n'est plus au centre. Il ne ramène pas tout à lui. La blessure est un éveil, une sortie de secours, un rappel instant de l'immense tâche à accomplir durant cette existence.

Il ne s'agit donc pas de fermer ses blessures et de se croire à jamais guéri, ni de survivre à ses déchirures sur le seul plan existentiel (selon le concept de résilience), encore moins de ressasser ou d'aggraver ses souffrances (ce qui relève du narcissisme ou du dolorisme), mais il s'agit *impérativement* – la blessure est vive, la lame tranchante – de naître enfin, de prendre son essor. Si la blessure s'avère salutaire mais surtout salvatrice, c'est parce qu'elle ouvre à l'autre et au tout Autre. C'est une sortie du moi et c'est le seul recours.

Un chemin de ferveur

J'ai préféré montrer tout de suite le paysage grandiose et peu fréquenté où se déploie la blessure afin que les apeurés puissent dès maintenant refermer le livre, afin que ceux qui pensaient y trouver des recettes, des tranquillisants, ne se trompent pas d'adresse. Il ne m'est possible de parler de la blessure qu'à la hauteur où celle-ci nous requiert. Qui a le goût de l'absolu est sans cesse frappé par la lâcheté et la pusillanimité des humains, atteint au cœur par l'effarante absence d'amour en ce monde. Qui a le goût de l'absolu se sent appelé à la perfection et ne peut plus transiger, et devient lui-même pour les autres une blessure insupportable non parce qu'elle fait mal mais parce qu'elle ravive la nostalgie de l'Être, parce qu'elle rappelle un manque essentiel.

Je devais dès l'abord dire cela et me placer sous le ciel radieux de la blessure d'amour, mêler mes mots au chant de l'amante, de l'aimée du Cantique qui cherche parce qu'elle est cherchée, qui peut s'unir à son aimé parce que de lui elle fut arrachée – aimante elle est blessée, aimée elle est rejointe –, je ne veux parler d'autre chose et sous diverses formes je le répéterai : *le cœur exulte là où bat la blessure.*

Tout le reste ne sert qu'à entretenir notre mortalité ou à nous la faire oublier. Quoi de plus sinistre que cette injonction généralisée à « profiter de la vie » ? Comme si vivre équivalait à s'occuper sans arrêt, à remplir son temps, et bien sûr à ne penser qu'à son plaisir personnel. Et chaque citoyen de réclamer, comme chez le marchand, du bonheur, de l'amour, de la sécurité, de la santé... En grande quantité. Je pense à Hadewijch d'Anvers, la béguine magnifique du XIIIe siècle qui voulait conquérir l'Amour puis par lui être défaite ; j'invoque tous les sages et tous les mystiques, ceux qui ont laissé un nom dans l'histoire et ceux qui sont passés anonymes, eux qui ne demandaient pas de l'amour, de la sagesse, mais qui espéraient en tremblant pouvoir en témoigner ou en être passeurs, qui désiraient de toutes leurs forces être dignes de l'Amour, de l'éternelle Sagesse.

Le défaut dans la cuirasse

Je me souviens encore de ces mots que j'ai lus, un jour, dans le métro parisien, sur la paroi d'un appareil distributeur de confiseries et de boissons sucrées : « Vous avez faim ? N'attendez pas ! » Je me suis sentie insultée, même si le publicitaire n'avait pas utilisé le tutoiement obligatoire des copains. Non seulement ces sucreries ne répondaient pas à une faim, petite ni grande, mais le passant se voyait réduit à l'automatisme du consommateur face au distributeur automatique. Aucune réflexion personnelle, aucun désir ne lui était concédé, il devait avaler ce qu'on lui disait et ce que contenait la machine. Écœurant.

La société qu'on a appelée de consommation est dangereuse pour l'âme, pour la liberté, parce qu'elle nie ou étouffe le désir, l'espérance, parce qu'elle a réponse à tout, remède à tout, parce que l'idée de manque la terrifie. C'est pourquoi elle refuse la fragilité, la vieillesse, le nomadisme et la précarité, l'inquiétude, le trouble et l'insomnie, c'est pourquoi ses citoyens veulent du bonheur, de l'argent, de la sécurité. Au temps de la florissante et fière Athènes, Socrate le va-nu-pieds houspillait ses contemporains, leur rappelant que les exploits militaires, les ambitions politiques, les richesses et la beauté des corps étaient de peu d'importance mais que la vertu qu'exige le souci de l'âme était première, qu'elle conduisait à l'immortalité. Les siècles ont passé en Occident et au XXe siècle on a franchi un pas de plus vers l'abîme, vers l'infra-humanité : désormais on affirme, on martèle plutôt par la publicité et les médias, que les seuls biens désirables sont matériels et qu'ils sont même des besoins. Plus aucune place n'est accordée à la soif, à l'attente, à la quête : il faut manger tout de suite, combler les manques et les vides, profiter de la vie. Les issues sont soigneusement bouchées. Il n'y a même plus, au fond de la jarre de Pandore, un brimborion d'espérance : il n'y a que du bonheur...

Dans le texte magistral, prophétique, qu'est la *Note conjointe* rédigée en 1914, Charles Péguy a analysé en termes irremplaçables la maladie de ses, de nos contemporains, qui « n'ont point de défauts dans l'armure ». Voici ce qu'il écrit : « Ils ne sont pas blessés. Leur peau de morale constamment intacte leur fait un cuir et une cuirasse sans faute. Ils ne présentent point cette ouverture que fait une affreuse blessure, une inoubliable détresse, un regret invincible, un point de suture éternellement mal joint, une mortelle inquiétude, une invisible arrière-anxiété, une amertume secrète, un effondrement perpétuellement masqué, une cicatrice éternellement mal fermée. » Et il poursuit : « Parce qu'ils ne sont pas blessés, ils ne sont plus vulnérables. Parce qu'ils ne manquent de rien, on ne leur apporte rien. Parce qu'ils ne manquent de rien on ne leur apporte pas ce qui est tout. La charité même de Dieu ne panse point celui qui n'a pas de plaies. »

Loin d'être signe de déperdition, d'affaiblissement, loin d'être une atteinte à la bonne santé, la blessure est d'abord réponse à la fermeture, appel d'air. Vouloir guérir de tout est une des façons de se maintenir en prison, une des modalités de la « servitude volontaire ». Parce que chacun préfère son petit moi, même piteux et souffreteux, plutôt que l'attention à autrui. Du reste, la plupart des personnes se rendent chez un thérapeute moins pour éclairer un problème et s'en libérer que pour parler d'elles encore, pour geindre, être comprises et rassurées.

Aimer, c'est sortir de soi

C'est pourquoi le remède miracle est fourni par ce commandement d'un nouveau genre : « Aime-toi », et le remède circule du cabinet du psychothérapeute aux divers ateliers de « développement personnel » (sous cette appellation j'ai toujours entendu « enflure et affermissement de l'ego »). Ainsi, pour bien profiter de la vie, pour bénéficier d'une santé sans problèmes et pour s'épanouir tout à son aise, il faut s'aimer soi-même.

On mesure l'effondrement de la dignité humaine, la chute spectaculaire accomplie en peu de temps (un siècle, tout au plus, depuis l'invention de la psychanalyse) par rapport aux Dix Commandements reçus par Moïse, à l'enseignement socratique, et bien sûr à la voie montrée par Jésus. Selon les traditions hébraïque, chrétienne puis musulmane, Celui qui vient en premier et le demeure, c'est Dieu, et c'est Lui qui mérite tout l'amour et toute la gloire. Et la philosophie antique née en Grèce n'a de cesse de rappeler la présence supérieure des dieux ou de la Divinité que l'être humain doit d'abord honorer. C'est au nom de la Transcendance que les humains peuvent se sentir frères, qu'ils doivent s'entraider, voire s'aimer. Aux pharisiens venus l'interroger au sujet du plus grand commandement, Jésus répond aussitôt en enchaînant deux citations. La première vient du Deutéronome (Dt 6,5), elle énonce : « Tu aimeras ton Dieu de tout ton cœur, de toute ton âme et de toute ta force » ; la seconde est reprise du Lévitique (Lv 19,18) et dit : « Tu aimeras ton prochain comme toi-même. »

Quant à Socrate, qui se réfère non au panthéon officiel des dieux grecs mais au dieu intérieur, il ne cesse de rappeler la précellence de l'âme immortelle et d'inviter à pratiquer la vertu. Ainsi que le rapporte Platon, son disciple, dans l'*Apologie de Socrate*, le philosophe déclare à ses contemporains : « Ma seule affaire est d'aller et de venir pour vous persuader, jeunes et vieux, de n'avoir point pour votre corps et pour votre fortune de souci supérieur ou égal à celui que vous devez avoir concernant la façon de rendre votre âme la meilleure possible. » Jusqu'à sa mort, Socrate insistera sur un seul point : il faut « prendre soin de son âme ». Il n'utilise pas la formule actuelle qui se veut amicale voire chaleureuse : « Prends soin de toi », formule parente du « Aime-toi d'abord ».

Lorsque Socrate reprend la devise inscrite au fronton du temple de Delphes, « Connais-toi toi-même », il n'encourage nullement à l'introspection psychologique, il ne se livre ni à la flatterie ni à la complaisance, il montre que se connaître soi-même est une exploration qui ouvre le petit moi à ses dimensions cosmiques et divines (« [...] et tu connaîtras l'univers et les dieux », poursuit l'adage delphique), et que l'on rencontre l'impérissable lorsqu'on a lâché le moi.

C'est donc aux antipodes du développement personnel et de l'affirmation de sa chère personne, aux antipodes de l'amour de soi – qu'on nomme ce dernier « amour-propre » comme chez les moralistes, « philautie » dans la tradition monastique, ou encore « narcissisme » chez les psychanalystes. L'exigence philosophique, à l'égal de la démarche spirituelle, consiste à se quitter afin de s'élever à de plus vastes Réalités.

Ainsi, vertigineusement mais de façon insidieuse, on est passé du « Connais-toi toi-même » à « Aime-toi d'abord », et du « Tu aimeras ton Dieu de tout ton cœur » au gentil « Prends soin de toi ». Cet effondrement qui s'est produit au XXe siècle et dont apparemment peu d'hommes veulent sortir a été précipité par toute la propagande matérialiste et cynique pour le bien-être et pour un monde meilleur. Pour un bien-être qui profite à tous et d'abord aux marchands d'illusions, et pour un monde meilleur qui rapporte de l'argent. De la connaissance de soi qui affranchit des entraves temporelles et individuelles, on est tombé dans l'amour de soi qui est enfermement, indifférence à l'autre ou utilisation d'autrui.

Toutes les flatteries d'amour-propre invitent à rester à la maison, plus exactement dans la prison. Or, comme Platon l'a admirablement décrit dans le mythe de la Caverne, au septième livre de sa *République*, la plupart des mortels préfèrent rester entravés et captifs mais à l'abri, plutôt que de s'arracher aux reflets, aux illusions du monde, afin de contempler la source de Lumière. Voilà pourquoi ils restent des mortels.

L'éveil est un arrachement, une coupure irréversible. Le prisonnier de l'apologue platonicien qui, seul, s'est retourné vers le Réel en refusant l'emprise de l'habitude et de l'ignorance, et qui s'est détaché du groupe des captifs, sera à jamais marqué par une déchirure qui est sa noblesse et sa singularité, qui signe aussi l'accès à l'Être. Ce retournement et cet éveil de conscience le séparent du commun des mortels, de la mortifère inconscience commune. Aussi est-il traité de fou ou de malade par ceux qui le croyaient des leurs. Non, il n'est plus leur semblable, leur congénère, il ne fait plus partie de ces gens qui se croient heureux, qui s'estiment tranquilles, il est un homme libre allant vers la Source, un esseulé allant vers le Solitaire. Il est marqué à vie car vive est la blessure de l'éveil.

Merveilleuse fragilité

Que la « connaissance de soi » invoquée par Socrate et ses disciples ait été réduite à l'analyse psychologique qui centre l'intérêt sur le moi, et qu'elle ait été liquidée au bénéfice de l'« amour de soi », si peu exigeant et tellement gratifiant, explique que des mots si précieux, désignant des valeurs spirituelles, des vertus philosophiques, telles que solitude, silence, épreuve, détachement, blessure, perfection, ne soient plus compris ni même admis. Ils font terriblement peur. Il faut s'en prémunir. Ou s'en guérir. Et face au commandement idolâtre du monde moderne qui oblige à s'aimer d'abord et à se vouloir heureux, la pensée de Marc Aurèle, qui vécut au IIe siècle après J.-C., paraît émaner d'un candide ou venir d'une autre planète, en tout cas elle ne semble plus concerner les humains d'aujourd'hui. Voici ce qu'écrivait l'empereur philosophe qui se rattachait à la tradition stoïcienne : « Bonheur de l'homme : faire ce qui est le propre de l'homme. Et ce qui est le propre de l'homme, c'est d'être bienveillant envers ses pareils, de mépriser les mouvements des sens, de discerner les idées qui méritent créance, de contempler la nature universelle et tout ce qui arrive conformément à sa loi » (VIII, 26). Et il osait même rappeler à ses contemporains que « le propre de l'homme est d'aimer même ceux qui l'offensent » (VII, 32).

Celui qui s'est évadé de la prison et qui s'est coupé de la chaude communauté des mortels n'est pas à la fin de ses épreuves puisque, au contraire, la quête commence. L'homme blessé, en marche, se voit exposé à toutes les rencontres, à d'autres déchirures. Il se retrouve libre et seul, immensément fragile, *à l'abri de rien parce qu'en quête de tout.* Avançant sur le chemin, il aimera de plus en plus sa vulnérabilité qui n'est pas faiblesse, sa sensibilité qui est chant du cœur. C'est une fragilité qui n'a pas besoin d'être protégée, c'est une blessure qui ne réclame nulle guérison. Cette fragilité est la musique de l'être, sa nudité essentielle et indestructible.

La blessure sauve l'homme de toutes les tentatives d'asservissement que représente le besoin compulsif d'être indemne et protégé de tout, elle le sauve de tous les remèdes qui veulent euphoriser ou tranquilliser son existence et d'abord sa pensée. Elle rappelle la précieuse précarité de l'être humain, la fragilité cristalline de l'âme immortelle qui requiert tous nos soins. Et la brisure du vase n'ensevelira jamais la pureté du chant qui en jaillit. « Ils peuvent me tuer mais non me nuire », affirma dignement Socrate au sujet des adversaires par qui il fut condamné à boire la ciguë.

Dès qu'un individu sort de l'égocentrisme, il devient extrêmement vulnérable. Cette fragilité est sa richesse mais tout d'abord elle le surprend, le gêne, et il cherche à la cacher. Le vieil homme rôde encore qui a peur de souffrir en aimant, qui préfère se garder de toute émotion, qui croit « gérer » ses sentiments et tient à « faire le deuil » d'une relation.

J'appelle fragilité la capacité à être touché. Ce n'est pas le contraire de la force mais de l'insensibilité. Celui qui a reconnu l'écharde dans la chair, celui qu'une blessure a atteint se sent à jamais vulnérable, ouvert à tous les possibles. L'éveil de la sensibilité connaît divers degrés qui correspondent à l'ouverture du cœur en même temps qu'à l'abandon du moi : empathie, pitié, altruisme, miséricorde, compassion, jusqu'à l'offrande et au sacrifice de soi. Le plus haut degré peut être représenté par un cœur qui saigne, tel celui du Christ : image non d'une épouvantable souffrance mais d'une fontaine de grâce, d'un ruissellement d'amour.

Et chacun est appelé à cette vaste blessure, à cette démesure d'amour.

La princesse endommagée

Plus un être découvre sa dimension spirituelle, plus sa sensibilité s'accroît et s'affine. Sa vulnérabilité atteste de la délicatesse de son âme. À cette lumière on peut relire le ravissant conte qu'Andersen publia, au Danemark, le 8 mai 1835 sous le titre *La Princesse sur le petit pois* et qui est devenu très célèbre.

C'est l'histoire d'un prince qui désire épouser une princesse, une vraie princesse, insiste-t-il. Il voyage de par le monde pour la rencontrer mais en vain. Il regagne sa ville, son château, bien affligé. Le temps passe et voici qu'un soir, alors qu'un orage a éclaté et que les éclairs et la pluie se disputent le ciel, une jeune fille vient frapper à la porte. Le roi lui ouvre. La pauvre demoiselle est trempée, elle a triste mine sous ses cheveux ruisselants, avec ses habits abîmés, mais elle ose se présenter comme une véritable princesse. La reine ne dit rien et accueille la jeune fille pour la nuit mais, afin de démasquer l'intruse, elle prépare sa chambre très minutieusement : elle dépose un tout petit pois sur le sommier et par-dessus entasse vingt matelas puis vingt édredons. Ensuite, elle convie la passante à dormir dans le lit. Le lendemain matin, on demande à la jeune fille si elle a bien dormi mais elle se plaint : à peine a-t-elle fermé l'œil de la nuit parce qu'elle sentait quelque chose de dur comme un caillou, et elle doit avoir le corps couvert de bleus... À son extrême délicatesse on reconnut une vraie princesse et le prince fut très heureux de l'épouser.

Le prince, figure de l'Esprit, part à la recherche d'une

âme noble mais il n'en trouve aucune à sa convenance, aucune qui fût assez belle et pure. De son côté, l'âme (la princesse) mène sa quête solitaire dans le monde, elle désire rentrer à la maison, rejoindre le lieu des noces. Or, ce n'est pas par beau temps qu'elle parvient au château – image de la Cité éternelle –, mais après avoir affronté l'orage, après avoir subi toute la pluie du ciel. Plus tard, elle saura que c'est grâce à l'orage, grâce aux souffrances traversées qu'elle est venue frapper à la porte et qu'elle a rencontré le prince. Plus tard, elle saura que la blessure octroie la faveur bien plus que la souffrance. Mais pour l'instant, tremblante devant la porte, devant le roi hospitalier, elle ne sait comment se faire reconnaître, comment montrer sa véritable beauté, cachée sous des habits endommagés, sous le vêtement de l'existence qui ne l'a pas épargnée. La reine est avisée, elle sait qu'une belle âme se reconnaît au fait qu'un rien la touche profondément et durablement. Ce rien prend dans le conte la forme d'un petit pois : qui se soucie d'un petit pois ? qui est assez délicat pour le sentir à travers les couches épaisses du moi ?

La véritable identité de la princesse se révèle non par sa parure, par son nom, par ses richesses, mais par les bleus qu'a laissés sur son corps un petit pois de rien du tout. L'âme la plus fine est aussi la plus vulnérable.

Le conte de Cendrillon, transmis par Charles Perrault à la fin du XVIIe siècle, peut être interprété dans le même sens. Aussi bien porte-t-il en sous-titre « La pantoufle de verre ». Les esprits cartésiens ont beau préciser que les ravissantes chaussures de bal offertes par la fée marraine à Cendrillon sont « en vair », à savoir en fourrure de petit-gris, l'enfant rêveur qui persiste en chacun de nous se plaît à imaginer des escarpins de verre ou de cristal. Des chaussures introuvables, impensables, autrement dit qui relèvent d'un autre monde, d'une autre réalité et permettent d'avancer dans l'invisible. Le prince du conte ne s'y trompe pas : la femme qu'il épousera – l'âme à laquelle l'Esprit peut s'unir – est celle qui porte ces souliers d'une extrême rareté et d'une très grande fragilité. Derrière l'apparence de Cendrillon aux habits tachés, au visage noirci, l'âme très délicate étincelle et fait entendre sa petite musique de cristal...

Krishnamurti dit un jour : « La sagesse est une suprême vulnérabilité au Réel. »

II.

Marcher entre terre et ciel

« Je m'en veux quelquefois de laisser le sentiment de l'existence souffreteuse. La déchirure est l'expression de la richesse. L'homme fade et faible en est incapable. »

GEORGES BATAILLE

Le héros, le chevalier, le saint ne sont jamais exempts de blessures, et certains mystiques chrétiens sont marqués en leur chair par les stigmates du Christ. Dès qu'il tient sur ses jambes et s'aventure un peu, tout enfant fait l'apprentissage de la vie par des plaies, des bosses, des chutes, en se cognant, en se brûlant. Cela ne désigne pas une voie de souffrance ni un monde de douleur, mais rappelle qu'être vivant, c'est être touché souvent et parfois bouleversé.

Petite fille, moi aussi je suis souvent tombée, je me suis égratigné les genoux à de nombreuses reprises et l'expression que les adultes employaient, en parlant de « genoux couronnés », m'émerveillait par une étrangeté que je sentais glorieuse. Plus tard, dans les rêves apportés par la nuit, je me suis vue marcher, seule, pieds nus, sur une longue route et je laissais sur le sol derrière moi des traces de sang vermeil. Ce rêve récurrent ne me paraissait ni morbide ni inquiétant, il me faisait entendre qu'une blessure vive, à jamais ouverte, signe le parcours d'un être véritablement vivant.

Dans une lettre qu'il écrivit le 26 octobre 1927, Georges Bernanos dit à son correspondant : « Il vous faut sortir de vous. C'est un déchirement. Impossible de vivre sans se déchirer. Rien à faire. J'ai essayé. »

Un individu blessé n'a rien de commun avec un homme faible, inconsistant, pas plus que n'est douillette la délicate princesse au petit pois. Au contraire, la faille voire la défaillance fraient la voie de la puissance, de la royauté intérieure. L'allure blessée est propre au combattant spirituel, elle dit que l'homme a risqué, qu'il est entré dans la bataille en payant de sa personne, en dépensant tout son sang. Consentir à la blessure est un chemin d'ennoblissement : c'est reconnaître la dignité de l'être humain en manque et en marche, capable de se redresser.

Il n'est point de grandeur qui ne soit en butte aux coups répétés et à la brisure. Il n'est pas d'amour fou qui échappe au déchirement. La grande humilité, l'immense perte d'aimer conduisent l'être humain à sa souveraineté, elles le rendent à l'illimité. La haute aventure de vivre n'est pas pour les frileux. Tous les héros du Mythe sont atteints profondément, aucun n'épargne sa peine. Les plaies sont autant de brèches par lesquelles le monde s'offre à ceux qui s'y sont livrés passionnément. Le cœur peut éclater dans la poitrine, sous le coup d'un chagrin trop intense ou d'une folle joie : c'est dire qu'il est fait pour accueillir l'excès, non pour contenir l'ordinaire.

« La vie est un chevreuil blessé, les flèches lui donnent des ailes. » Les vers du grand poète espagnol Góngora (1561-1627) sont justes et beaux. Ils montrent que la blessure est invitation à un dépassement permanent. Ici, bien sûr, se fait la ligne de partage entre tous ceux qui souhaitent bien vivre, et ceux qui s'efforcent de devenir meilleurs, entre la sécurité qui octroierait le bonheur et le salut qu'offre la liberté.

« *Memento mori* »

Tous les héros du Mythe sont affligés de plaies et aucun n'échappe au trépas. S'ils nous touchent, c'est précisément parce qu'ils sont touchés. Tandis que les robots, les créatures virtuelles peuvent un temps nous séduire mais ne nous émeuvent pas. Qu'ils se nomment Ulysse, Héraclès, Œdipe, Achille ou Philoctète dans l'univers de la Grèce antique, ou bien Lancelot, Yvain, Anfortas dans la légende arthurienne médiévale, qu'il s'agisse du preux Roland ou de Tristan l'amoureux, tous font l'expérience de la blessure parce que tous se sentent appelés au combat et à la prouesse. C'est donc une marque de vaillance et d'honneur mais aussi un rappel de la précarité de l'homme. Pour ces héros, consentir à la blessure est une façon de revêtir la condition humaine sans vouloir s'en contenter.

Certains portent cette marque à leur naissance : Achille, que sa mère Thétis avait voulu invulnérable, garde cependant au talon le lieu de sa fragilité ; Œdipe, dont le nom signifie « pieds gonflés », a été abandonné par ses parents qui chargèrent un serviteur de suspendre à un arbre l'enfant après lui avoir percé les pieds. Plus largement, l'homme atteint au pied ou à la jambe est confronté à sa façon de marcher, c'est-à-dire d'aller de l'avant ou de stagner, de se redresser ou de se laisser abattre. Se reconnaître blessé à la naissance ouvre à la question double – aussi bien l'homme est-il pourvu de deux jambes : comment avancer malgré cette blessure, comment avancer grâce à elle. Et il est de la dignité de l'être humain de transformer une faiblesse apparente en puissance intérieure, ou de faire d'une marque d'infamie un signe d'élection.

La mort est la grande défaite de l'homme mais, selon la voie héroïque et mystique, la blessure est capable de surmonter le trépas commun parce qu'elle confère au guerrier, au chevalier, la gloire et l'immortalité, et parce qu'au pèlerin spirituel elle rappelle la coupure de l'humanité d'avec la Source divine. Cependant, tout mortel commence par refuser la blessure, par la nier, et veut s'en protéger par tous les moyens.

Il en va ainsi, selon le mythe grec, d'Admète, roi de Thessalie, que rien ne semble effrayer, à qui rien ne résiste. Son nom le désigne du reste comme « l'indomptable ». Ses exploits sont nombreux et, entre deux combats, il participe à l'expédition des Argonautes pour conquérir la Toison d'or. Il avait obtenu la main d'Alceste, fille du roi Pélias, en remportant une épreuve peu banale : le roi offrait sa fille au prétendant qui réussirait à atteler sous un même joug un lion et un sanglier. Admète réussit, grâce au concours d'Apollon, grâce à son courage aussi, et, devant les yeux de tous, il fit faire le tour du champ de courses à cet étrange attelage. Ainsi, il épousa la belle Alceste et il continua ses chasses et ses batailles comme si rien jamais ne devait l'endommager. Un jour, cependant, il reçut à la jambe une mauvaise blessure qui s'envenima. La jambe enfla, devint noire, Admète dut s'aliter et commença à trembler. De fièvre, de peur aussi. Il se souvint alors qu'il était mortel. Mais il se souvint aussi d'un certain pacte que le dieu Apollon, en remerciement d'un service rendu, avait passé avec lui : le jour où Admète devrait rejoindre la cohorte des morts, s'il trouvait dans son entourage quelqu'un qui se proposât à sa place, lui-même resterait sur terre. Et le fier Admète se montre lâche. Il demande à ses parents de mourir à sa place. Ceux-ci, quoique âgés, veulent encore savourer la lumière du jour. Le roi indomptable connaît alors l'étendue de sa misère, l'ombre envahit ses pensées tandis que la gangrène gagne toute la jambe. Il va mourir. Mais voici que son épouse accepte de le remplacer, elle l'aime assez pour ce sacrifice, et déjà elle s'avance vers le royaume d'Hadès. On notera qu'Admète ne la dissuade pas du tout, il aime Alceste mais pas au point de juger sa vie plus précieuse que la sienne. Dans la tragédie d'Euripide, Admète verse quelques larmes et il se propose de faire sculpter une statue qui aura les traits de sa chère épouse, en guise de consolation... Le récit se poursuit, montrant que les dieux infernaux sont sans pitié : ils reçoivent Alceste parmi les ombres errantes au lieu d'être touchés par sa noble générosité. Finalement l'héroïne sera délivrée par Héraclès qui la rend à la lumière du jour et à son mari, bien content.

Il n'est pas précisé qu'Admète ne mourra jamais, qu'il échappera au destin commun. Ce qui requiert notre attention, notre admiration aussi, c'est l'attitude de la femme qui, par amour, choisit de mourir à la place de son époux, situe l'amour plus haut que sa propre vie. Or si Alceste est sauvée du séjour infernal, ce n'est pas par un dieu mais par un héros, Héraclès, qui s'est livré à d'innombrables travaux sans craindre les blessures et qui mourra dans d'affreuses souffrances.

Une plaie ouverte

C'est également Héraclès qui, selon la trilogie d'Eschyle concernant Prométhée, libère ce dernier du châtiment éternel auquel Zeus l'avait condamné. Même si la tragédie du *Prométhée délivré* ne nous est pas parvenue, on en connaît l'argument. Pour avoir voulu sauver les hommes du néant et leur avoir apporté le feu que se réservait le tout-puissant dieu de l'Olympe, le Titan reçoit une atroce punition : enchaîné sur le Caucase, il a le foie dévoré par un aigle, emblème de Zeus, et ce châtiment semble sans fin puisque chaque jour le foie du héros se régénère. Tandis que les hommes, à présent détenteurs du feu, se montrent tous ingrats, indifférents devant le supplice enduré par leur sauveur, Héraclès, lui, ose viser d'une flèche l'aigle divin. Zeus accepte de délier Prométhée de ses chaînes.

Héraclès est un homme considérable. Loin d'être le simple parangon d'une force physique extraordinaire, il est une figure de l'homme amené à se dépasser sans cesse, à traverser les nombreuses épreuves que fournit l'existence et à prendre sur ses larges épaules les maux de l'humanité souffrante. C'est parce qu'il n'est ni impassible ni indemne qu'Héraclès est capable de sauver Prométhée. La vaillance dont font preuve les héros n'est jamais acquise, elle est un perpétuel arrachement aux peurs ordinaires, à la lâcheté qui rôde. C'est pourquoi le poète André Breton parlait de « la bête merveilleuse au cœur transpercé qui s'appelle le courage... ».

L'homme fort, tel Héraclès, tel Prométhée, est capable de se mesurer aux épreuves et aux dieux. Mais l'homme fort blessé est de taille à entrer en communion avec les souffrances d'autrui et, même s'il ne cherche ni reconnaissance ni miséricorde de la part des siens, il peut fléchir le courroux de Zeus, donner au dieu impitoyable une leçon d'humanité. Voilà ce que laisse entendre Eschyle. De fait, Zeus en personne viendra ôter à Prométhée ses chaînes.

Au-delà de l'étrangeté du châtiment infligé au Titan, on peut discerner autre chose. Chaque jour le rapace vient fouiller ses entrailles et lui manger le foie, mais le foie renaît et à nouveau d'un bec acéré l'aigle déchire la poitrine du héros. L'organe vital se reconstitue, s'offrant à une nouvelle meurtrissure, mais ne peut-on pas dire que la blessure endurée par Prométhée, chaque jour, est cela même qui le régénère, le garde vivant ? Sa plaie est intense et vive, elle ne se referme pas : elle montre que le noble héros ne se résigne pas, il ne plie pas devant le courroux de Zeus, il ne regrette pas d'avoir compati au triste sort des humains, il ne perd pas l'espoir non plus. Il demeure cet homme infiniment déchiré, là-haut, sur le Caucase désert, et c'est sa blessure toujours ouverte qui permettra sa délivrance et celle de l'humanité. Le Titan avait voulu secourir les hommes par sa hardiesse, en se dressant contre l'Olympe et en dérobant le feu, puis il les sauve grâce à son sacrifice, en acceptant l'abandon de tous et la profonde déchirure. Il en est de même chez le prophète Isaïe : le Serviteur souffrant est l'homme appelé à racheter tous les autres.

Pour revenir à Admète, que la tragédie d'Euripide montre faible et plaintif, il n'est pas dit qu'Héraclès le sauve ni même le guérisse en libérant du royaume des ombres la femme qui s'offrit à sa place. Alceste est délivrée de l'Hadès parce qu'elle a livré son existence. Dans toute la tradition spirituelle, la mort à soi-même est l'unique condition pour devenir vivant.

En proposant le marché au roi de Thessalie qui se croyait indomptable, Apollon se montrait malin, tout au moins ambigu (ne le qualifie-t-on pas de dieu oblique ?) : il savait que, même si une personne se proposait de mourir à la place d'Admète, celui-ci ne pourrait pas indéfiniment repousser le trépas ni refuser d'envisager sa condition souffrante et limitée. La blessure qui s'envenime et lui fait la jambe noire aurait dû réveiller Admète et l'amener à une interrogation sur le sens de la vie. Mais lui ne veut que se garder en vie, il repousse le questionnement. Et l'ombre le gagne, la jambe enfle, la gangrène le ronge. Le roi naguère invincible refuse la clarté, il ne veut pas envisager une autre façon d'avancer. Alceste, son épouse, lui montre le chemin, le véritable chemin de l'Homme qu'empruntèrent Héraclès et Prométhée parmi d'autres : non pas un orgueil démesuré qui fait accumuler les exploits, les victoires, mais une profonde humilité et un dépouillement consenti. Loin de renvoyer l'homme à sa misère existentielle, la blessure peut l'éveiller à une dimension éternelle en le montrant nu et fragile.

Il n'est pas deux façons d'échapper à la mortalité mais une seule, difficile à entendre : c'est Alceste qui s'offre de son plein gré, Héraclès qui s'immole, Prométhée qui accepte de rester une plaie ouverte. La mort à soi-même est le renoncement le plus grand et la confiance la plus totale. Il faut être éperdu d'amour pour se donner en pure perte et pour accepter de tout perdre.

On le voit, c'est Admète et non pas Prométhée qui est

la figure emblématique de notre époque. Un roi qui se croit invincible et ne veut pas mourir, un faux héros qui cherche à prolonger ses jours par des ruses, en s'imaginant une immortalité physique. Un homme qui refuse d'entendre le chant de sa fragilité et demeure affligé par l'« amnésie de l'éternel » dont parle Charles Péguy.

L'honneur de combattre

Noblesse de la blessure. Les guerriers de l'*Iliade* qui s'affrontent en combats acharnés, le comte Roland tout au long de l'épopée qu'au XIe siècle Turold lui consacra, Lancelot qui s'avance et qui saigne sur le Pont de l'Épée, Tristan qui, en combattant un géant ou un dragon venimeux, reçoit des plaies affreuses à la hanche, à la jambe, le roi Arthur, lui-même meurtri, tous témoignent de la grandeur de l'homme, moins pour avoir terrassé des ennemis, remporté des victoires, que pour être allés dans la bataille de la vie, pour s'y être donnés avec ardeur, intrépidité et même joie. L'honneur du chevalier ne consiste pas à tuer l'autre mais à se lancer dans l'aventure, à payer de sa personne. C'est pourquoi s'instaurent entre deux adversaires respect et parfois égards.

Il y a dans l'*Iliade*, au chapitre VII, un épisode fort intéressant qui peut paraître incompréhensible à nos contemporains – sportifs, politiques ou bandes de jeunes – pour qui le désir de vaincre commande la haine de l'autre. Encore est-il heureux que les sportifs qui s'affrontent au tennis, au football, se serrent la main avant ou après le match : belle survivance… L'épisode de l'épopée homérique relate le furieux combat singulier que se livrent le Troyen Hector et Ajax l'Achéen, en usant de piques, de lances et de pierres, en faisant couler le sang noir. Puis le soir tombe, la bataille doit s'arrêter. Le grand Hector rend hommage à la bravoure de son adversaire et lui propose d'« arrêter le carnage » : que chacun retourne vers les siens et se réjouisse, dit-il, qu'ils rendent grâces aux dieux. Et il ajoute : « Allons ! faisons-nous l'un à l'autre de glorieux présents. Ainsi chacun dira, chez les Troyens et chez les Achéens : "Tous deux se sont battus pour la querelle qui dévore les cœurs et se sont séparés après avoir formé un amical accord." »

Ensuite, Hector offre une épée avec fourreau et baudrier à Ajax qui lui donne en retour une ceinture de pourpre. Bien sûr, tous les affrontements ne se terminent pas ainsi. Troie sera détruite et livrée aux flammes. Mais il suffit d'un homme au cœur noble pour rappeler l'enjeu véritable du combat : l'adversaire n'est pas d'abord celui qui doit être tué mais celui qui pour sa bravoure mérite d'être défié en combat singulier puis honoré. L'estime est première, dans la lutte comme dans l'amour.

Cela m'évoque, *a contrario*, une récente expérience que je fis lors d'une fête pseudo-médiévale donnée en province pour divertir les habitants et d'abord les enfants. Un combat de chevaliers, en particulier, était proposé, qui se résumait à un corps à corps avec des armes en carton. Là n'était pas le plus gênant : lorsqu'un des hommes tomba à terre, à la merci de l'adversaire, celui-ci demanda au jeune public s'il devait l'épargner, le relever. Or, tous les enfants sans exception – les plus âgés ne dépassaient pas douze ans – hurlèrent de l'achever. Même si cette mort était symbolique, pour rire, cette réaction unanime me terrifia. Qu'il est long, le chemin d'humanité... Pour ces gamins gavés de films violents, de jeux vidéo brutaux, une victoire n'était réelle que si l'adversaire était tué. Après quoi, on leur distribua des gâteaux et des barres chocolatées.

Je m'interroge : si on n'épargne pas l'homme chu à terre, ce n'est pas simplement parce qu'on est sans cœur, c'est parce que la vie ne semble pas avoir un prix véritable et que dans l'existence on s'ennuie et on se divertit. La mort est pour rire parce que la vie est sans intérêt. Pour le guerrier valeureux, pour le chevalier loyal, la vie est une affaire grave. Et plus la vie est estimée à grand prix, plus il en va de son honneur de l'exposer. L'homme noble risque ce qui lui est le plus cher, il donne ce qui a le plus de valeur. Aussi ses blessures sont-elles profondes, irrémédiables, aussi ses pertes sont-elles immenses.

Le tranchant de l'épée

Certes, les guerriers dont l'*Iliade* rapporte les hauts faits, les cruautés aussi, puis les chevaliers de l'époque médiévale taillent, frappent, tranchent, brisent bras et échine, arrachent des mains, fendent en deux le cavalier et sa monture, assomment, écrasent, transpercent, certes ils paraissent en proie à une sauvage fureur, mais eux-mêmes dépensent toutes leurs forces et versent leur sang : c'est moins le meurtre que la gloire qui les requiert. C'est pourquoi, par trois fois, le preux Roland, malgré le péril de la situation et l'insistance de son compagnon Olivier, refuse de sonner le cor pour demander de l'aide, il ne pense qu'à frapper de grands coups avec son épée Durendal dont « la lame sera trempée de sang jusqu'à l'or de la garde ». Et par trois fois – aux chants LXXXIII, LXXXIV et LXXXV de l'épopée – il reprend l'image vigoureuse d'une lame rouge de sang qui a la couleur éclatante de la vie. Dans le roman de Chrétien de Troyes, *Érec et Énide*, rédigé vers 1160, à la jeune fille qui s'attriste et s'inquiète en voyant le chevalier partir pour une terrible épreuve, celui-ci réplique fièrement : « Attendez de me voir revenir l'écu lacéré, le corps couvert de blessures, les mailles de mon haubert couvertes de sang, le heaume ouvert. Attendez de me voir perclus et recréant, incapable de me défendre et bon seulement à demander merci. » Pour tout vrai chevalier la honte est d'être « recréant », c'est-à-dire d'abandonner le combat, de se montrer lâche.

« Plutôt mourir que reculer », s'exclame Lancelot du Lac, le meilleur chevalier du monde, épris de la reine Guenièvre, lorsqu'il se trouve devant le Pont de l'Épée. Ce pont est non seulement fait d'une longue lame tranchante qui passe au-dessus d'un gouffre empli d'une eau très froide, mais il est gardé par deux lions de chaque côté, à ce qu'il croit apercevoir. Porté par la vaillance amoureuse, Lancelot va traverser le pont, cela sans aucune protection, en ôtant ses gants, ses souliers, ses chausses. « À grand douleur, comme il convient, il passe outre, et en grande détresse, mains, genoux et pieds il se blesse. Mais l'apaise et le guérit Amour qui le conduit et mène. Tout ce qu'il souffre lui est doux. » Une fois parvenu de l'autre côté, Lancelot ne voit plus les lions : ils n'existaient que dans son imagination. Si la peur fait naître des monstres, affronter la réalité à mains nues dissout les vaines pensées. Le chevalier étanche le sang de ses plaies avec sa chemise et poursuit son chemin. À grands sentiments, grandes peines. Si Lancelot s'était voulu indemne, il n'aurait pas rencontré Guenièvre devant qui il tomba en pâmoison. S'il avait voulu se garder, il n'aurait pas traversé le pont, il ne se serait pas dénudé, et d'abord il ne serait pas chevalier.

Lancelot a très souvent les doigts, les pieds qui saignent, ces blessures jalonnent le chemin du chevalier courtois jusqu'à la reine, elles désignent son mérite et sa ferveur. D'une mère un héros attend protection, refuge contre l'âpreté du monde ; mais d'une dame, il reçoit l'inspiration à la vaillance et à l'honneur.

Dans l'aventure chevaleresque et dans toute quête authentique, l'homme ne s'apitoie pas sur lui-même et poursuit son chemin. Avancer, c'est quitter. Le héros du Mythe ne cherche pas à se guérir, il se veut libre du passé, de ses peurs et de ses douleurs. Et, sans nul doute, pour chacun, le plus difficile est de renoncer à ses chères souffrances et aux injures subies. On préfère ressasser, se faire plaindre ou encore pardonner. Au contraire, un être d'amour et de liberté se reconnaît au fait qu'il oublie les coups reçus, les vilenies, parce qu'il respire dans un climat toujours nouveau. Le grand poète et essayiste mexicain Octavio Paz le rappelle en des mots très simples : « Commencer à vivre, écrit-il, grandir est un processus douloureux : notre vie débute comme un arrachement et s'achève dans un déracinement. » Les plaies qui saignent attestent de ces dépouillements successifs.

Le chevalier transpercé

Le long et périlleux combat que mènent tous les chevaliers de la Table Ronde ainsi que leur roi, Arthur, montre que la prouesse et les vertus qu'elle réclame ne sont pas mises au service d'une conquête temporelle, mais d'une quête spirituelle. Les héros qui échouent à voir le Graal, en dépit de leur vaillance et de leur générosité, se sont laissé happer par divers pièges et enchantements du monde : par des richesses matérielles, par l'ambition, par l'attrait sensuel et l'attachement à une femme. Le grand amour que Lancelot voue à Guenièvre n'est pas, en tant que tel, un obstacle à la quête du Graal, mais il peut faire oublier au chevalier sa mystique mission. En effet, si l'amour représente tout le ciel du troubadour et de l'amant courtois, pour le chevalier spirituel il est reflet et rappel de l'Amour divin et éternel. Et la dame aimante et sage est, pour le chevalier, un rappel permanent de la Lumière de Gloire.

Ainsi l'épopée héroïque et amoureuse s'accomplit en épopée mystique. Et les blessures désignent, en le creusant, un chemin d'intériorité. Tous les chevaliers arthuriens sont atteints profondément en des endroits divers du corps : hanche, flanc, épaule, cuisse, bras ou tête... Ces coups sont autant d'entailles dans la cuirasse du mortel, autant d'ouvertures en l'homme charnel mû par ses instincts et ses passions, autant de possibilités de transformation intérieure.

Ainsi le montre, entre autres récits, le roman inachevé, en dépit de ses 17 000 vers, qui s'intitule *Les Merveilles de Rigomer* et que l'on date du milieu du XIIIe siècle. Il s'agit ici, pour le chevalier arthurien, de lever les sortilèges et maléfices qui règnent dans le domaine de Rigomer où une dame est retenue prisonnière. Le libérateur sera Gauvain et non pas Lancelot qui, pourtant, se jette dans l'aventure. Dans un épisode du roman, Lancelot rencontre, de nuit, dans une forêt, un cortège effrayant : le corps transpercé par une lance, un chevalier est couché dans une bière que tirent à vive allure deux chevaux, et l'homme pousse de grands cris. Lancelot va à sa rencontre et lui demande de quelle façon il peut le secourir. L'homme qui porte cette grande « navrure » répond : « La blessure qui m'épuise ne sera jamais guérie jusqu'à ce que vienne celui que ses exploits chevaleresques rendront célèbre entre tous ; il sera le plus courtois, il saura le mieux aimer les dames, il donnera avec la plus grande largesse ; il doit être justement plein de sagesse et de mesure [...] il n'aura enfin jamais fait de vilenie. » Il termine par cette affirmation : « Si par hasard il venait celui dont le cœur resplendirait de tant de bien, alors je sais que les blessés guériraient, que les prisonniers sortiraient, que les vaincus retrouveraient leur valeur. »

Les propos du chevalier allongé en sa bière, le corps transpercé, laissent entendre que l'homme charnel, terrassé, coupé de sa nature divine, ne peut recevoir guérison que d'un être vertueux, accompli, au cœur magnifique. Autrement dit, seul l'être spirituel est apte à régénérer l'homme blessé et à le redresser. Il y a en chacun de nous un homme qui saigne d'une affreuse blessure et ne tient pas sur ses jambes, un homme que les chevaux du Temps emmènent au galop vers sa mort certaine. Il y a aussi en chacun de nous un chevalier au cœur noble, un être secourable qui s'inquiète, qui se penche et demande comment il peut aider. Ce chevalier est invité à se perfectionner sans cesse afin que soit délivré de la mort l'homme engourdi dans la matière et captif des illusions du monde. Dans *Les Merveilles de Rigomer*, Lancelot s'efforce, mais Gauvain est le véritable libérateur. Une figure annonciatrice du Sauveur.

Lumière dans la forêt

Comme tous les récits rédigés à la lumière du Graal, ce roman du XIIIe siècle ouvre à une perspective eschatologique. À chacun il pose, tout bas et avec insistance, la question : comment puis-je hâter la transfiguration du monde ? Il s'agit bien de *salut*, non pas de guérison pour telle maladie. C'est l'unique façon de sortir de la forêt obscure, de quitter son grabat, sa dépouille mortelle. Seul l'Esprit confère le salut, et il agit d'abord au moyen de la blessure qui touche vivement et qui peut éveiller.

Le monde actuel est grevé d'une terrible illusion, entretenue tout à loisir. On fait croire, on veut croire que les nombreux maux de l'humanité seront apaisés dès ici-bas par des moyens purement matériels et que la Terre sera un jour le Royaume des Cieux. Or, le seul recours pour un monde affligé comme pour l'homme blessé se trouve dans l'exploration des terres intérieures et la rencontre avec la dimension divine. C'est pourquoi la société actuelle a besoin de saints et d'éveilleurs, bien plus que d'économistes et de psychologues.

Chacun de nous est ce chevalier « plein de souffrances et de tourments », allongé dans un cercueil, guère beau à voir, emmené malgré lui à travers la forêt ténébreuse. Mais nous préférons nous détourner de cette image d'une douleur impuissante. Prendre en compte sa blessure, et la prendre au sérieux, est déjà une façon de se connaître soi-même et de se mettre en route. La scène des *Merveilles de Rigomer* que j'ai évoquée indique que la blessure attend non pas un remède immédiat, ce qui la ferait taire, mais bien une réponse juste – et d'abord une question. Dès qu'il aperçoit l'homme transpercé, Lancelot l'interroge : « Qui est couché là ? », et ensuite : « Puis-je faire quelque chose pour vous secourir ? » Le chevalier arthurien, homme appelé à l'accomplissement spirituel, est une figure de l'être intérieur, seul apte à relever et à sauver l'homme sans forces et voué au trépas. Lancelot pose donc des questions puis part aussitôt en quête : il doit faire cesser les enchantements, les maléfices, il doit être le libérateur, du moins s'y efforcer.

Faire appel en soi à Lancelot, Gauvain, Bohort ou Galaad, c'est se sentir sommé de réparer la blessure en se reliant à la puissance de l'Esprit. Et seul le chevalier accompli, autrement dit l'homme de lumière, sauvera la créature mortelle.

Ainsi, paradoxalement, les coups et blessures n'ont pas pour sens de faire souffrir, mais d'*affranchir l'homme de son état souffrant* en l'éveillant à une dimension transcendante infinie. À ce sujet, on rappellera que la cérémonie médiévale de l'adoubement comporte le rite de la colée : le candidat est frappé au cou ou à la nuque avec le plat de l'épée, tandis qu'une formule le consacre chevalier, puis il reçoit l'accolade. Il est de cette façon invité à changer de plan de conscience, à passer à une nouvelle réalité, à voir au-delà du monde phénoménal. Tout véritable chevalier, jusqu'à Don Quichotte l'admirable, l'incompris, chevauche entre

Terre et Ciel et, derrière ses exploits ou ses extravagances, il faut lire son ardent désir de hâter la venue du Règne de l'Esprit. Les diverses blessures qu'il reçoit au long de sa quête rafraîchissent, si je puis dire, sa mémoire et le maintiennent vigilant dans sa noble mission. Comme l'écrit au XIIe siècle Attâr le Persan dans *Le Langage des oiseaux*, qui est le récit d'un voyage intérieur : « Quiconque rend intelligente son âme fait de sa blessure une nappe pour la table du chemin. »

Tout lieu du corps a sa blessure, du talon au cou et à la tête, de la hanche à l'oreille et à l'œil. C'est dire que tout lieu du corps a la possibilité de s'ouvrir à d'autres dimensions, à des perceptions subtiles. Les héros des romans courtois et du monde arthurien qu'aucun coup n'épargne nous le disent : dans cette existence l'homme n'a le choix qu'entre rester un mort vivant et partir en quête ; dans le premier cas il se veut indemne, dans le second il se sait blessé et, dès lors, il peut entreprendre le chemin qui le conduira au salut et à la résurrection à travers maintes épreuves. Georges Bataille exprime superbement, dans *Le Coupable*, un tel parcours : « Il n'est pas d'être sans fêlure, mais nous allons de la fêlure subie, de la déchéance, à la gloire (à la fêlure aimée). »

La cicatrice d'Ulysse

On juge un valeureux guerrier au nombre de ses plaies et non aux trophées remportés. Celui qui ne s'est pas dérobé aux épreuves offertes par la vie, celui qui a persévéré dans le combat spirituel porte des cicatrices qui sont l'inscription d'une rencontre, l'attestation qu'il a accompli la traversée.

Lorsque Ulysse, après vingt ans de combats sous les murailles de Troie puis d'errances sur la mer du Couchant, retrouve enfin son île d'Ithaque, il ressemble à un mendiant, à un étranger à qui on offre bien sûr l'hospitalité, mais il n'a rien d'un vainqueur ni d'un roi. Reçu au palais de Pénélope qui cherche à avoir des nouvelles de son époux que l'étranger aurait pu rencontrer, Ulysse reçoit le rite du bain de pieds. C'est même sa vieille nourrice, Euryclée, qui est chargée de laver les pieds de l'hôte. Et voici que la vieille femme est bouleversée parce qu'elle reconnaît la cicatrice à la jambe que portait son maître. D'émotion, elle laisse retomber le pied de l'hôte dans le bassin qui verse, et l'eau court sur le sol. Les yeux pleins de larmes, Euryclée défaille de joie : elle a reconnu celui qu'elle nomme encore son « cher enfant », et Ulysse acquiesce.

La scène, qui se déroule durant le chant XIX de l'*Odyssée*, fait une sorte de digression pour expliquer l'origine de la blessure d'Ulysse. Ce fut dans son adolescence, lors d'une chasse au sanglier qui eut lieu sur le Parnasse en compagnie de son grand-père nommé Autolycos et de ses fils. Dès le matin, la troupe des chasseurs gravit la montagne, escortée de chiens, et Ulysse les suit, tenant une longue lance. Dans un bois, ils découvrent un grand sanglier couché parmi les feuilles. La bête, alertée, se redresse, s'approche. Ulysse lève sa lance pour percer le flanc de l'animal, mais celui-ci enfonce profondément sa défense dans la cuisse du jeune homme. Ulysse parvient à abattre l'énorme sanglier, mais sa jambe saigne. Les fils d'Autolycos soignent et bandent la plaie, puis Ulysse, chargé de riches présents, revient au domaine familial où il raconte sa mésaventure qui se termine bien. Il ne lui en restera qu'une large cicatrice.

C'est par elle, plus tard, au chant XXI, lors de l'épreuve du tir à l'arc avec les prétendants, qu'Ulysse se fera reconnaître du bouvier et du porcher qui à leur tour pleurent de joie en retrouvant leur maître. Mais il leur demande, comme à Euryclée, de garder le secret.

Il est intéressant de noter qu'Autolycos, qui invite son petit-fils à une chasse sur le Parnasse – lieu de séjour d'Apollon et des Muses, domaine sacré –, est également celui qui a choisi son nom, *Odusseus* signifiant « celui qui est irrité ». Dans les mythes, toute chasse est une métaphore de la quête du Sens et de la Sagesse.

Le jeune Ulysse s'en va à la recherche de son identité divine sur le mont Parnasse, il débusque le sanglier qu'il tue, mais qui le marque à vie. Il saigne, mais il reçoit d'abondants cadeaux de la part de celui qui l'a emmené chasser. Tout cela évoque, plus qu'un rite de passage lié à la puberté, une initiation par laquelle le chasseur profane se transforme en quêteur d'une tout autre proie, du reste cachée au regard (le sanglier se trouve à l'écart, couché sous un monceau de feuilles, et il est très paisible). Il devient à son tour la cible de celui qu'il cherchait, il est atteint irréversiblement, quoique sauf, par celui qu'il visait de sa longue lance. Bien après Homère, Giordano Bruno parlera de cette chasse mystique dans *Des fureurs héroïques*.

Durant cette montée au Parnasse, séjour divin, le jeune héros s'affronte à un monde autre, élevé et puissant. Et il y va avec audace et vaillance. La blessure qu'il reçoit et qui affecte sa façon de marcher le fait accéder à une connaissance supérieure : il n'est pas qu'un mortel. Sa cicatrice lui rappellera sans cesse une rencontre extraordinaire, elle est comme un pacte, signé de la blanche défense du sanglier, entre le monde divin et le monde humain. Du reste, Ulysse en récolte aussitôt les bienfaits puisqu'il revient chez lui plein de joie, chargé de cadeaux magnifiques qui évoquent les richesses intérieures révélées : prémices d'une quête qui se déroulera durant toutes les années à venir, sur terre et sur mer.

Au bout de son périple raconté dans l'*Odyssée*, après avoir bataillé sous les murs d'Ilion puis erré sur les flots, il se fait reconnaître comme roi d'Ithaque grâce à l'unique cicatrice, reçue dans sa jeunesse sur le mont Parnasse. Cependant, comme guerrier, il a bien dû en avoir d'autres. La trace ineffaçable laissée par le sanglier et par laquelle la nourrice Euryclée, le bouvier et le porcher successivement reconnaissent leur maître atteste de son identité véritable, immortelle. Le parcours d'Ulysse se boucle ici, sur son île prospère. L'homme valeureux et rusé a honoré son destin, révélé dans sa jeunesse sur le Parnasse : oui, avant toutes autres marques et désignations externes, il est un chasseur de sagesse, tantôt enfant, tantôt mendiant. Derrière ses vêtements en haillons, derrière l'usure de l'existence, la cicatrice qu'il montre brille d'un éclat particulier, tel un signe royal.

Sans faire d'amalgame, mais afin d'entrevoir des similitudes, on ne peut omettre la scène célèbre où, pour se faire reconnaître de Thomas qui reste incrédule, Jésus montre ses plaies. Il invite l'apôtre à s'approcher et à toucher de ses propres mains les marques laissées en sa chair. Oui, il est bien cet homme qui a été crucifié et dont le flanc fut percé d'un coup de lance. Mais il est aussi celui qui a traversé et vaincu la mort, le Ressuscité et le Rédempteur.

Tous les artistes, anonymes ou connus, qui ont, à travers les siècles, en Occident représenté le Christ ressuscité ont figuré un corps nimbé de lumière, mais gardant les traces de la Passion. Ce n'est pas un corps intact qui donne à voir le mystère de la Résurrection, ce sont des plaies transfigurées. De même, pour tout homme, l'intégrité intérieure ne réclame pas protection contre toute atteinte : elle est, au contraire, ce qui en dépit de toutes les blessures demeure non atteint.

Murmures de la Source

Il y a les coups que l'on donne et ceux que l'on reçoit. Mais, plus finement, il conviendrait de faire une distinction entre les blessures d'agression, faites par pénétration, et les blessures de séparation, causées par un arrachement. Celui qui avance sur le chemin spirituel est invité à passer de l'une à l'autre et c'est un retournement intérieur : la blessure reçue, qui opère une ouverture en l'être humain, se révèle coupure ontologique, éloignement d'avec la Source divine. Elle creuse une soif. Tout d'abord, le voyageur ne peut nommer ce qui lui manque et le fait mettre en route, mais il ressent de plus en plus vivement que « cela » lui manque et que, tant qu'il ne l'aura pas rencontré, il restera, errant ou bien en exil, loin. Le chevalier des romans courtois et du cycle arthurien est appelé à l'aventure, c'est ce qui le fait advenir à son véritable Moi, à son identité céleste.

On comprend pourquoi certains chevaliers, et non des

moindres, tels Lancelot et Perceval, sont au départ dépourvus de nom ou simplement désignés par un surnom (pour Lancelot, l'appellation est « Beau Trouvé »). Le chevalier doit mériter son nom, le deviner, ainsi de Perceval à mesure qu'il croît. Le questionnement devant l'Inconnu ouvre tout l'espace de la quête, à sa manière il est un aiguillon dans la chair, un coup d'éperon dans le flanc du cheval. La question taille une brèche dans le fourré des vocables, elle crée une faille dans l'hébétude du discours ordinaire. Elle est *la blessure qui permet le passage de la parole*. Au Château du Graal, le chevalier doit poser la juste question. Non pas se taire ni affirmer quelque chose. Et l'archange Michaël, par son nom même, invite chaque homme à adorer l'Éternel tout en empruntant un chemin de perfection : « Qui est comme Dieu ? » demande-t-il.

Sur le plan terrestre on peut mourir de ses blessures, mais dans le combat spirituel on vit de la blessure, c'est par elle que peut advenir le Règne de Dieu. Les prophètes de la Bible le crient à leur peuple et Jérémie se fait le porte-voix de YHWH lorsqu'il clame : « Incurable est ta blessure, inguérissable ta plaie... » (Jér 30,12). Ce n'est pas là malédiction lancée par l'Éternel mais bien plutôt chant d'espoir toujours repris, paroles d'amour venues d'un Dieu qui se dit lui-même blessé et tourmenté par l'infidélité de son peuple.

La blessure bat le rappel de la vie divine. À grands coups de tambour, lorsque l'atteinte est violente, ou à bas bruit, secrètement, au cœur de l'être. Il faut reconnaître son manque, aimer sa déchirure, pour un jour rejoindre et pour être rejoint. Plutôt que de tourner autour de la souffrance et du mal, la blessure pose la question de la séparation et de l'Un.

Dans la Grèce antique, on révérait, sur le site sacré de Delphes, une pierre arrondie qu'on appelait *Omphalos*, c'est-à-dire « le nombril », et qu'on désignait comme le Centre du monde. Bien sûr cette expression ne doit pas être entendue ici dans un sens arrogant. De même que chaque être humain garde toute sa vie la trace du cordon coupé qui le reliait à sa mère, de même la pierre de Delphes témoigne d'un lien indissoluble entre Ciel et Terre. Ce qui importe n'est pas la cicatrice – le nombril à contempler, la pierre à révérer –, mais le cordon disparu, le lien devenu invisible aux mortels, l'Omphalos comme pierre d'attente. Ainsi, la blessure inaugure et balise un chemin d'élévation et de retrouvailles.

Il est une fracture qui ne se referme pas, de même qu'il est une lumière qui ne s'éteint jamais. Cette expérience irréversible est celle de l'éveil. Si le chemin est encore long, l'homme vivant, né à nouveau, n'a plus peur d'avoir mal et ne se soucie plus d'être préservé. Sa plaie inguérissable le désigne comme le porteur, le passeur de l'inoubliable : honneur insigne et humilité sans fond.

III.

Philoctète, mon semblable, mon frère

> « Ne cesserez-vous jamais le douloureux carnage ? Ne voyez-vous pas que c'est vous-mêmes que vous égorgez stupidement ? »
>
> EMPÉDOCLE

Naguère archer célèbre, vigoureux au combat, Philoctète le Thessalien se retrouve seul, abandonné par les siens sur l'île de Lemnos. A-t-il commis une faute pour être ainsi rejeté de la communauté ? Non, il a été mordu au pied par un serpent, la plaie s'est infectée, le mal a gagné toute la jambe et Philoctète est devenu insupportable à ses compagnons de route en raison de ses plaintes et de l'odeur qu'il dégageait. Peu d'hommes tiennent devant le spectacle de la souffrance, peu cherchent à y remédier. Le premier mouvement est de s'éloigner de l'homme infirme, de détourner son regard : le malheur est contagieux...

Voilà comment Philoctète est rejeté sans pitié sur une île étrangère, forcé de se débrouiller comme il peut pour sa subsistance, privé d'amis, de conversations, de vin et de maison. Il a trouvé abri dans une caverne et, couché sur un lit de feuilles, entre deux accès de fièvre, il tente de se soigner avec des simples et patiemment entoure ses plaies purulentes de lambeaux d'étoffe. Cela fait dix ans qu'il se traîne ainsi, mourant à petit feu, sans rencontrer personne pour le secourir.

Il fut pourtant le compagnon du grand Héraclès, c'est même lui qui, sur le mont Œta, mit le feu au bûcher sur lequel le héros choisit de s'immoler pour mettre fin à ses souffrances. En récompense, il reçut l'arc et les flèches infaillibles de celui qui accomplit les Douze Travaux et, sur l'île sauvage de Lemnos, il les a encore en sa possession. Mystérieux héritage d'un héros souffrant à un autre : Héraclès a légué à Philoctète ses armes prodigieuses en même temps qu'un chemin d'incompréhensible douleur. À lui d'en faire bon usage.

Durant cet exil de dix ans, les combats se sont déroulés sans relâche sous les remparts de Troie. Ulysse et les siens interrogent un devin sur l'issue de la guerre. Il leur est répondu que la citadelle de Troie sera prise par les Grecs grâce à l'arc d'Héraclès et grâce au fils d'Achille, Néoptolème, qu'on appelle également Pyrrhus. Aussitôt Ulysse va chercher Néoptolème, âgé de dix-huit ans, mais il veut s'emparer de l'arc détenu par Philoctète sans s'encombrer pour autant du guerrier blessé. Dominé par la ruse, Ulysse va se servir du jeune Néoptolème pour ravir à l'homme impotent l'arc convoité qui doit assurer la victoire.

La souffrance d'autrui

Ainsi commence la tragédie que Sophocle fit représenter en l'an 409 avant l'ère chrétienne et pour laquelle il obtint le premier prix. Une pièce très dense, tout en finesse et en retournements, qui a pour thème l'homme blessé et pour titre *Philoctète*. Ce dernier est-il un juste souffrant ?

un bouc émissaire ? un héros châtié des dieux ? un bourreau de soi-même ? Restera-t-il inconsolé ?

La tragédie tout entière pose la question de la souffrance et montre les diverses attitudes et réponses humaines face à l'insoutenable qu'elle représente. Aussi bien il s'agit de notre condition, de nos limites et de notre finitude. Tous nous sommes nés avec une blessure au pied ou à la jambe, et la mort nous attend. Mais nous préférons ne pas voir, ne pas savoir, et reléguer au loin ceux qui par leurs clameurs rayent notre tranquillité. Nous nous croyons saufs, de la troupe des invulnérables. Rien ne peut nous arriver. Pourtant parfois un proche est atteint et sa douleur nous interroge. Philoctète réveille la vieille blessure que nous pensions oubliée : la sienne, qui est la mienne aussi. Vais-je m'éloigner une fois encore avec indifférence, dire que c'est son histoire, qu'il faut se protéger, que peut-être il l'a bien cherché, et cent autres prétextes très lâches ? Vais-je rester sourd et insensible à cette blessure qui crie, qui déchire le ciel et qui appelle à l'aide ? Mon cœur va-t-il rester fermé ?

La tragédie de Sophocle donne une leçon d'humanité, mais sans moraliser. La fraternité n'est pas une loi extérieure, c'est un sentiment profond auquel un être humain peut accéder ; et un homme brisé est davantage susceptible d'éveiller en l'autre ce noble sentiment qu'un homme en parfaite santé, qui jouit des richesses et du bonheur. Le génie du dramaturge grec sait éviter le piège de montrer un Philoctète irréprochable face à un Ulysse retors et peu glorieux. En effet, si Ulysse refuse de s'embarrasser de la souffrance d'autrui ou veut s'en débarrasser, et si Néoptolème ressent des scrupules, éprouve de la pitié puis de l'amitié pour le héros infirme qu'il refuse de trahir, Philoctète lui aussi doit sortir de son malheur au lieu de prolonger la plainte, d'entretenir son mal.

Comment répondre à la blessure qui risque de s'envenimer ? Comment étancher le sang, calmer la plaie ? Les personnages de la pièce montrent les diverses attitudes, les possibilités qui s'offrent à chacun de nous, confronté à la blessure de l'humanité.

Face à l'homme qui saigne et suppure, j'ai d'abord envie de fermer les yeux, de fuir. Je rejette tout ce qui pourrait me rappeler ma propre fragilité, ma précarité. Ainsi d'Ulysse et ses pairs, abandonnant sans état d'âme le héros qui empuantit leur atmosphère, qui les gêne dans leur voyage.

Je peux également profiter de la faiblesse occasionnée, exploiter la misère de l'autre, son désarroi, jouer avec sa faiblesse, assurer ma domination. Il en va ainsi d'Ulysse, de retour à Lemnos. Il ravit l'arc de Philoctète pendant son sommeil puis ose déclarer froidement au héros dépouillé : « Nous n'avons plus besoin de toi, puisque nous avons tes armes. [...] Quel besoin ai-je donc de toi ? »

Et puis il y a toutes sortes de remises en question et de tergiversations dont Néoptolème offre l'exemple. Si j'accepte d'être touché par la souffrance de l'autre, si je fais face au lieu d'esquiver, je peux rejoindre l'homme blessé, le consoler (ce mot si beau signifie d'abord « aller avec celui qui est seul »), je peux faire alliance avec lui. Son histoire est la mienne, ses blessures je les porte. Je n'ai pas la prétention de le guérir, mais j'ai une main à lui offrir, une parole de réconfort à lui donner : « Appuie-toi sur moi pour marcher », dira le jeune Néoptolème à Philoctète qu'il emmène loin de son douloureux séjour.

Cette dernière attitude va plus loin qu'une simple solidarité humaine. Certes, le jeune homme au cœur noble se sent un devoir d'humanité à l'égard d'un ancien et d'un guerrier affaibli qui désire rentrer chez lui. Il éprouve même de la honte à l'idée qu'il aurait pu être déloyal en suivant les prescriptions données par Ulysse. Désormais il se range du côté de Philoctète, il désobéit à Ulysse et à son clan en vertu d'une loi supérieure – « étrange pitié » ou « vraie piété » – à la façon dont Antigone, dans une autre tragédie, transgresse l'édit de Créon au nom d'une justice plus haute qui s'accompagne d'amour. Et, sans omettre l'appel pressant à la tendresse et à la fraternité humaines que contient la pièce de Sophocle, on peut entendre aussi une histoire plus intérieure.

Le malheur, le miracle

Comme dans tout récit mythique, les différents héros sont une part de l'individu, ils figurent autant de possibilités, sombres ou radieuses. Je suis l'intrépide archer aujourd'hui déchu, renié par les siens, qui boite et perd son sang, je suis le compagnon traître et indifférent qui refuse son aide, mais je suis aussi le jeune homme courageux et sensible qui ose prendre avec lui le blessé, qui offre son soutien et une issue à l'exil et au malheur. On le verra par la suite, Néoptolème ne guérit pas les plaies de Philoctète, mais avec intelligence et amitié il parvient à convaincre le héros affligé de le suivre et même d'aller à Troie. Il le sort de son ressentiment, de son besoin de se venger ou de son désir de se suicider – tout cela qui l'enferme bien plus qu'une île. Il fraie une voie nouvelle, indique un chemin de renouvellement au vieil homme meurtri qui ressasse ses douleurs et la méchanceté du monde. Aussi bien le fils d'Achille porte-t-il dans son nom le qualificatif du neuf : *Néoptolème* signifie « nouvelle guerre ». On peut penser à la poursuite de la guerre de Troie, avec le fils d'Achille arrivant en renfort, mais j'aime aussi entendre que Néoptolème propose un autre type de combat, un combat intérieur entre le vieil homme aigri et l'être nouveau qui apaise ses rancœurs et le libère d'un passé douloureux.

Philoctète est atteint d'une plaie à la jambe qui s'envenime et le fait atrocement souffrir ; il porte aussi ce que nous appellerions des blessures psychologiques puisqu'il a été trahi par ses pairs, abandonné, rejeté, humilié. Tout cela fait beaucoup. Et voici qu'un jeune héros se présente, une sorte de souffle pur sur la plaie infectée, sur le fardeau de misères. Il figure cette part de miracle en chacun de nous, une part qui éclaire, qui délivre. J'héberge en moi la blessure et le miracle. Je suis une plaie ouverte, hurlante, qui dérange les autres, mais qui espère aussi l'inespéré ; et je suis un air tout neuf, venu du large, qui apporte des nouvelles inouïes et me convoque à l'impensable, qui me réconforte et me redresse ; une voix fraîche qui m'annonce que, si je quitte mon état d'homme plaintif, accablé, si je fais confiance, je trouverai le véritable remède à mes maux.

J'insiste sur ce point : Néoptolème ne guérit pas Philoctète. Dans la pièce de Sophocle, il représente la dimension spirituelle qui est de libération et d'élévation, celle qui permet de surmonter toutes les blessures.

C'est Asclépios, le dieu de la Médecine, qui à Troie

rendra à Philoctète santé et vigueur. Néoptolème est, si l'on veut, le messager du divin, l'esprit en l'homme.

Une trop longue plainte

Considérons maintenant le héros thessalien abandonné sur l'île de Lemnos et qui est notre miroir lorsque nous nous trouvons accablés par une maladie ou par une offense. Toutes sortes d'attitudes se présentent, dont certaines emprisonnent davantage l'homme dans sa souffrance et son ressentiment.

La première attitude est de se plaindre, de s'apitoyer sur son sort. « Je me meurs ainsi, dit Philoctète, depuis dix ans, malheureux, dans la faim, dans les souffrances, à entretenir un mal dévorant. » L'homme qui souffre ressent toujours une injustice, il se révolte contre les dieux, il se dit victime des autres. Il se met à haïr, à vouloir se venger, il lance des imprécations contre le monde entier. Ou bien il se résigne comme un esclave, comme une pauvre bête, il déserte sa dignité humaine. Il est aussi tenté, en ultime sursaut, de se draper dans sa douleur, de faire d'elle sa seule raison de vivre ; il peut aussi vouloir en finir et se donner la mort, croyant qu'il a le dernier mot.

Philoctète, comme chacun de nous confronté à l'épreuve, passe par tous ces états. Mais, ce faisant, il entretient son mal dévorant, ainsi qu'il le dit lui-même. C'est une souffrance aveugle qui l'enferme de plus en plus et qui gagne tout son être comme une plaie qui s'infecte, une gangrène qui ronge les chairs. Il n'est plus qu'un « infirme qui sent mauvais », il a oublié qu'il est aussi un archer remarquable, qu'il possède toujours les armes prodigieuses héritées d'Héraclès. Il se complaît dans ses misères, il ressasse l'injustice subie et, lorsque Néoptolème vient à sa rencontre, il implore sa pitié et lui demande de le ramener chez lui. Comme l'écrit dans son *Journal* Tommaso Landolfi (1908-1979) : « La souffrance est, peut-être, j'allais dire objectivement, le moins vulgaire des passe-temps. » Phrase cruelle mais juste.

Lorsque, avant son rejet de la communauté, Philoctète fut mordu par un serpent, lorsque son mal empira, il emplit l'air de ses cris, il occupa tout le paysage avec son être souffrant, se rendant insupportable à Ulysse, à ses autres compagnons. Assurément, ces derniers se sont montrés lâches et sans cœur en l'abandonnant sur une île et en continuant leur chemin vers Troie. Cela demande de poursuivre la réflexion. Une phrase de Simone Weil, extraite de *La Pesanteur et la Grâce*, paraît s'appliquer à Philoctète : « Je puis souiller tout l'univers de ma misère et ne pas la sentir ou la rassembler en moi. » D'un point de vue symbolique, le séjour dans l'île de Lemnos offre l'occasion d'aller vers l'intérieur, la profondeur, les dix années sont une chance de maturation, de décantation. Mais d'évidence Philoctète – chacun de nous – a ressassé ses peines et fait croître son amertume, son désir de vengeance, plutôt que de se débarrasser de ces poisons. Il survit de façon pitoyable, au niveau des besoins élémentaires, lui qui fut un magnifique archer. Il se sert de l'arc et des flèches pour subvenir à sa nourriture, il semble avoir oublié le sens glorieux que son ami Héraclès désignait par le legs de ses armes.

C'est en écoutant le jeune Néoptolème puis, le suivant

vers la mer, en s'appuyant sur lui, que Philoctète trouve la seule issue possible à ses diverses meurtrissures : quitter celles-ci, s'en libérer, aller vers du nouveau. Dans la tragédie de Sophocle, le Chœur dit au héros qui geint et maudit encore : « Comprends, comprends bien qu'il n'appartient qu'à toi de fuir cette misère. » Et le fils d'Achille se montre ferme avec Philoctète, il lui offre son amitié, tout en disant n'éprouver ni indulgence ni pitié pour celui qui se complaît dans son malheur.

Quitter ses vieilles douleurs

Au vrai, tout en se montrant tendre, Néoptolème enjoint Philoctète à la vaillance et le rappelle à sa grandeur première – une grandeur qu'il a désertée, une noblesse qu'il a trahie en lui préférant les lamentations et les imprécations. Au lieu de lui dérober son arc, comme le voulait Ulysse, le jeune homme le *remet en possession* de ses armes infaillibles. Il redonne à l'homme infirme les armes qu'autrefois Héraclès lui confia avant de mourir. C'est une façon de le restaurer dans sa dignité première, de le redresser. Une façon symbolique de lui dire : même si ton corps est en proie à la fièvre et à la maladie, même si tu te sens rejeté et offensé, il y a quelque chose en toi qui est indestructible, que personne ne peut dérober, ni souiller, ni trahir. Et cette part immortelle veut que tu quittes ton séjour de misères et que tu ailles dans la grande bataille.

En restituant à Philoctète son arc prodigieux, Néoptolème lui rappelle sa capacité à viser haut et juste. Si, en prenant soin du blessé, le jeune homme montre à Ulysse un chemin de bonté, face à Philoctète il tient des propos de courage et de grandeur. Il allie la fermeté et la bienveillance. Il indique à ses frères d'humanité, à ses compagnons de route, non le sens du devoir mais celui de la liberté. Un homme libre aime vaillamment, un homme libre se bat avec amour. C'est là où l'homme est le plus libre qu'il touche sa nature immortelle.

Philoctète va quitter sa triste caverne, les rives de Lemnos, tourner le dos à son passé. Longtemps il a regimbé, il a crié à l'outrage, à l'injustice, il s'est dessaisi de ses armes, il a cherché à mourir, il a aussi imploré qu'on le ramène à la maison de ses pères, qu'il goûte enfin quelque repos ; puis, incroyablement, il a fait confiance au jeune homme, à la vie, il a rejoint Ulysse et les autres guerriers qui lui ont fait du mal, il va combattre à leurs côtés, faire preuve de son habileté intacte : l'arc d'Héraclès l'oblige à exercer son art excellemment.

L'attitude finale de Philoctète, qui est de délivrance et que bénit, dans la pièce de Sophocle, l'apparition d'Héraclès annonçant aux Grecs la victoire prochaine, ne me semble pas être un pardon des offenses, comme l'enseignera Jésus ; ce serait plutôt une façon de laisser les morts enterrer les morts. Pour avancer, pour découvrir un paysage nouveau, il est indispensable de quitter son passé, de se détacher de ses malheurs. De fait, Philoctète ne trouvera pas dans l'île de Lemnos remède à ses blessures, c'est en partant pour la cité troyenne qu'il verra « cesser son horrible mal », comme le lui annonce Héraclès, et qu'il assurera la victoire aux Grecs en faisant tomber sous ses flèches Pâris, le responsable d'une si longue guerre.

Certains objecteront que Sophocle, par la voix juvénile de Néoptolème, indique à l'homme une voie héroïque qui semble impossible. Comme s'il en était d'autres dignes de l'être humain. Héroïque est le courage, héroïques s'avèrent la bonté et l'humilité, héroïques sont le détachement et la solitude, le silence et la patience, héroïques le secret, la vertu, le sacrifice de soi.

Il s'agit de passer de l'état de victime, consentant à son mal, à celui de sujet conscient et responsable, à l'état de vivant. Il s'agit de s'éveiller, de quitter son cocon ou sa chère prison de souffrances. L'homme nouveau, l'homme éveillé, n'est pas celui à qui il est arrivé des choses extraordinaires, mais celui qui a ressenti avec acuité, fulgurance, et de façon irréversible, l'obligation de se libérer. En jouant avec le mot grec *pathos* et le mot latin *passio* qui ont fourni à la langue française la « pathologie » et la « passion », où l'on ne retient que l'homme qui subit, qui souffre, tel un patient en attente de guérison, je dirai que la voie proposée par Sophocle, et par tout récit initiatique, consiste à tirer l'homme de son état pathologique, triste et passif, pour en faire un homme de passion – de haute, de noble passion. Et on ne peut vivre passionnément sans être passé par la blessure et sans l'avoir dépassée.

Pourquoi, du reste, de la Passion du Christ ne voit-on que le calvaire de douleurs et le supplice atroce ? Pourquoi ne pas voir la passion démesurée que Jésus manifeste à l'égard de l'humanité, sa folie d'amour ?

Je crois que seuls les êtres passionnés sont capables de véritable compassion.

Inutiles stratagèmes

Et Ulysse, dira-t-on ? Quelle part peu admirable figure-t-il en chacun – et dans cet épisode développé par Sophocle ? On sait que le roi d'Ithaque est caractérisé par ses ruses, qu'il est malin, habile, avant de faire preuve de force d'âme. Il est l'homme « aux mille tours » dont parle Homère. Mais voici : un héros ne peut pas différer sans cesse l'affrontement, il ne peut pas indéfiniment se mentir à soi-même. À l'égard de Philoctète il se montre d'une froideur, d'une cruauté terribles ; il ne semble pas éprouver la moindre pitié ni un sursaut d'estime envers le grand homme brisé qui fut un Argonaute. Est-ce jalousie de sa part ? Est-il envieux de la renommée de Philoctète, de son adresse imparable ? Ulysse n'a pas d'émotions, mais il a une stratégie. Pour lui, la fin (de la guerre de Troie) justifie les moyens peu loyaux qu'il va utiliser afin de récupérer les armes sans se charger de l'archer. Sans scrupules, Ulysse veut profiter de la faiblesse physique et morale de Philoctète pour lui dérober son précieux bien et, plus grave encore, il ne le fait pas lui-même mais à sa place délègue le gracieux Néoptolème : celui-ci convaincra aisément le guerrier abandonné dans l'île qui n'a pas entendu parler sa langue depuis des années. Le plan est précis et semble imparable. L'imprévisible, c'est le cœur humain, sa capacité à être remué, à s'ouvrir. L'imprévisible, c'est le jeune Néoptolème qui ressent face au guerrier boiteux une « étrange pitié ». L'inespéré, c'est Philoctète dont l'ardeur se réveille avec le goût de vivre et de s'aventurer. La vie, dans ses manifestations les plus bouleversantes – la tendresse d'un jeune homme, la confiance retrouvée d'un héros offensé –, déjoue les plans de l'ingénieux stratège.

Ulysse représente en chacun de nous un penchant favori · celui d'esquiver, de ruser avec le destin, de contourner l'épreuve ou la rencontre afin d'être sauf. Cela demande un contrôle permanent pour maîtriser l'événement, pour prévoir tout ce qui est possible. Si l'on veut, l'industrieux Ulysse représente la volonté froide, technocratique, d'assurer son pouvoir de façon insidieuse et d'arriver à ses fins sans se commettre soi-même.

Ulysse, dont le prénom grec *Odusseus* signifie « l'irrité », est un homme de violence – mais sa colère est sourde, sa rage contenue. Contrairement au bouillant Achille qui explose et montre au grand jour sa fureur, Ulysse donne le change en employant la ruse et le mensonge. Me reviennent ici les belles paroles que Soljenitsyne prononça lorsqu'il reçut le prix Nobel : « La violence ne trouve son refuge que dans le mensonge et le mensonge ne trouve son appui que dans la violence. Tout homme qui a opté pour la violence doit inexorablement choisir le mensonge comme son principe. »

Ulysse, le grand manipulateur. L'homme qui conçoit le piège énorme du cheval de Troie et qui, auparavant, à Lemnos, a mis au point une tactique minutieuse pour obtenir l'arc et les flèches de Philoctète. Il faudra bien, pour son évolution intérieure, qu'il navigue et erre longtemps sur la mer du Couchant, qu'il soit dépouillé de ses compagnons et fasse naufrage, afin que sa colère s'apaise, afin que sa violence que les combats de Troie n'ont pas étanchée soit brisée dans une grande tempête. L'*Odyssée* relatera ce périple intérieur. En attendant, Ulysse est de ces hommes que le mal, la souffrance rendent mauvais et destructeurs. Étroite est la relation entre souffrance et violence – qu'on porte l'agressivité contre soi-même ou contre l'autre. La blessure de Philoctète est physiquement insupportable à Ulysse parce que lui-même se veut épargné, parce qu'elle lui rappelle une faille dans la cuirasse, sa propre cicatrice venue d'une chasse au sanglier, il y a longtemps, sur le mont Parnasse, en compagnie de son aïeul Autolycos et de ses fils. Au sens concret du terme, la plaie suintante de Philoctète lui empoisonne la vie : mieux vaut se débarrasser au plus vite de l'odieux spectacle et continuer de vivre en se croyant à l'abri...

Faire alliance

La leçon que donne à entendre le dramaturge grec enseigne que l'on ne peut obtenir les armes infaillibles en refusant la faille, l'homme blessé ; que la victoire est une blessure surmontée ou glorifiée et que c'est une illusion, propre aux mortels, non aux héros, de vouloir savourer le bonheur de la vie sans en connaître l'amertume et la précarité.

En prenant avec lui le guerrier à la jambe purulente, Néoptolème indique une voie juste : au lieu de la négociation ou du marché de dupes qu'Ulysse avait conçus, il propose une alliance.

Héraclès, qui apparaît à la fin de la tragédie en *deus ex machina*, approuve l'attitude du fils d'Achille à qui il adresse ces touchantes paroles : « Tu ne peux sans lui conquérir la plaine troyenne, et il ne le peut, lui, sans toi.

Comme deux lions marchant de conserve, veillez donc tous deux, lui sur toi, toi sur lui. »

Héraclès, héros divinisé, rappelle à tous le devoir d'humanité, mais aussitôt il ajoute de ne pas oublier « la piété due aux dieux ». Cette dernière est le vrai, l'unique recours qui ne passe pas. « La vraie piété ne disparaît pas avec les mortels », insiste Héraclès. Ainsi, l'homme peut et doit aider son frère à porter sa blessure, à la panser, mais il revient au Ciel de la guérir. Une fois qu'il a quitté son île, appuyé sur Néoptolème, et qu'il est retourné au combat, Philoctète sera délivré de son affreux mal par Asclépios lui-même ou, selon d'autres versions, par son fils Machaon. Il ne s'agit donc pas de confondre les plans divin et humain, ni le temporel avec l'éternel. S'il est du devoir et de la dignité de l'homme de porter secours, de relever le héros tombé et de se pencher sur ses plaies, il n'est pas en son pouvoir d'offrir un remède durable à la blessure. La tragédie de Sophocle laisse entrevoir un horizon métaphysique à la guérison des plaies dont Philoctète, notre semblable, souffre en son long exil.

Ce grand guerrier brisé nous touche et nous enseigne. Il est notre très proche. Son nom est composé de deux verbes grecs, *philein* et *ktaomai*, qui évoquent un désir de possession, qui désignent un homme avide d'acquérir des biens, des honneurs, la renommée... Or, le voici abandonné des siens, en butte au froid, à la faim et à la maladie, le voici dépouillé de tout sauf des armes qu'il reçut en héritage. Il se sent dans une solitude cruelle et son mal lui donne de violents accès de fièvre. Et l'épreuve dure depuis dix longues années. Qu'a-t-il donc acquis ? Que convient-il d'entendre par ce chemin de dénuement et d'endurance ?

La voix de Philoctète murmure à l'intérieur de nous : je suis riche de toutes mes rencontres, de mes amitiés, de mes rêves et de mes victoires ; mais je suis riche aussi de toutes mes douleurs, de mes chutes, de mes pertes sans nombre. Je suis vivant grâce à tout ce que j'ai reçu et gagné, je suis vivant aussi d'avoir été trahi et dépouillé et d'avoir persisté. Me voici nu, blessé, me voici fort de mon désir inapaisé.

Nous n'aimons guère entendre la voix de Philoctète qui rappelle que la perte grandit davantage que le triomphe, qu'elle a l'âpre vertu de libérer l'homme mieux que toute acquisition. Difficile leçon. Mais la sagesse ou la sainteté sont à ce prix.

Sur les flots innombrables

Est-ce parce que la tragédie écrite par Sophocle se déroule au bord des flots salés, dans une île sauvage râpée par le vent et dont les habitants appartiennent à la race animale, à la famille des nuages et à l'écume marine ? L'histoire de Philoctète me fait penser à la genèse de l'ambre gris, une matière étrange très recherchée depuis l'Antiquité et qui fournit un parfum de grand prix. De même que la perle naît de la nacre qu'a exsudée l'huître dont la chair a été atteinte par une écharde, de même l'ambre est une réponse à une blessure. Lorsque son corps est endommagé, entaillé par des coquillages, des esquilles, le cachalot sécrète un liquide particulier qui va ensuite durcir et s'expulser. Cette matière flotte alors sur les eaux et on peut la ramasser en mer ou sur les rivages. Au début, l'ambre gris dégage une odeur infecte de poisson pourri, puis survient une délicieuse odeur qui donnera un parfum incomparable. Il me plaît de rapprocher ces deux histoires qui parlent chacune d'une transmutation où la souffrance se fait légère, où la pestilence devient suave.

L'apologue que je rapporte au sujet de l'ambre et ma méditation sur les divers personnages de la pièce de Sophocle me permettent d'insister sur un point essentiel : il s'agit d'une interprétation. Le Mythe offre toutes sortes de lectures, il n'est ni dogmatique ni univoque. Pour les platoniciens, il indique à l'homme une voie d'accomplissement, de divinisation. Aussi bien le sage antique est celui qui désire devenir dieu, en cela il ne s'oppose pas à la voie chrétienne. Mais chaque voyageur qui chemine en compagnie du Mythe tient avec lui une conversation particulière et l'échange est d'autant plus fécond que les deux amis sont riches d'expérience et de silence.

Au-dessus ou bien à l'intérieur de l'histoire événementielle, le Mythe file sa propre histoire, invisible, intemporelle, et des personnages historiques il fait des figures archétypales que chacun peut rencontrer à l'intérieur de soi. C'est de cette façon que j'ai abordé Philoctète, Ulysse et Néoptolème, dans leur dimension métahistorique, sans nul doute métaphysique. Si l'on s'en tient au pied de la lettre, on objectera, par exemple, que Néoptolème est loin d'être le pur jeune homme empli de sagesse que j'ai vu dans la tragédie de Sophocle. Si l'on se reporte à l'*Iliade*, on verra Néoptolème se comporter tel un furieux, un sauvage sans cœur : il tue entre autres Priam, le vieux roi, jette l'enfant Astyanax par-dessus les remparts de Troie, avant de s'émouvoir, comme le montrera Racine, devant la beauté douloureuse de sa captive Andromaque. Objectivement, le fils d'Achille n'est pas un petit saint. Mais tel qu'il apparaît, à dix-huit ans, dans le chant de Sophocle, il est la voix qui parle à Philoctète de la grandeur et de la liberté humaines et à Ulysse de droiture et de compassion. C'est ainsi que je l'ai entendu.

Le propre des grands textes, qu'ils appartiennent ou non à une tradition sacrée, est de susciter des questions et des commentaires, d'inspirer des méditations sans fin. Ils s'ouvrent, ils s'offrent à toutes les interprétations sans se restreindre à une seule, sans condamner les autres. Ils ressemblent à l'immensité marine qui paraît sans fond et toujours se renouvelle.

Moi, je lance mes filets. Des filets d'une coloration, d'une sensibilité particulières. Je n'ai pas la prétention d'avoir raison – du reste, piètre avantage. Je tente de dire comment tel récit, telle dramaturgie résonnent ou vibrent en moi, sur le motif de la blessure. Des récits mythiques, il ne peut y avoir qu'une interprétation musicale, éminemment personnelle. Je lance mes filets, j'accorde mon instrument, parfois je crois trouver la note juste, je pêche le poisson d'or.

IV.

Humilité et compassion

« Déchirez votre cœur, et non vos vêtements. »

JOËL, 2,13

Tant qu'il n'est pas atteint – d'une flèche acérée, d'une morsure au talon –, l'homme se sent le roi du monde et rien ne l'arrête dans ses conquêtes extérieures, dans ses ambitions terrestres ; ou bien il s'installe dans une illusoire sécurité, dans des certitudes définitives. La blessure lui rappelle sa précarité ainsi que son imperfection : non, l'homme n'est pas Dieu, il n'est ni infaillible ni indestructible ; il est faible, pécheur, insuffisant, inaccompli, donc infiniment perfectible.

Si elles sont perçues dans un sens caché et supérieur, les vilaines blessures, les cruelles maladies fraient une voie de toute beauté et de grande bonté parce qu'elles invitent l'homme meurtri à édifier son être intérieur et à ouvrir son cœur. Elles sont autant de portes menant à l'immortalité, à la déification, mais le chemin est humble, fait de dépouillements et d'humiliations, de silence et de noble discrétion. C'est la « petite voie » dont parlait sainte Thérèse de l'Enfant-Jésus et qu'ont empruntée les saints et les mystiques.

Le premier renoncement s'avère le plus douloureux, il

peut se produire tardivement voire jamais, mais c'est lui qui engage à la quête de l'éternel, qui permet le salut ou la délivrance. Il s'agit de renoncer à être épargné par la maladie, par la vieillesse et par la mort. Autrement dit, par la flèche du Temps. On sait que le jeune prince Siddharta, sortant de son palais doré, rencontra ces réalités – un malade, un vieillard, un défunt – et, plutôt que de regagner la demeure familiale, s'en alla méditer longuement dans la forêt jusqu'à son illumination qui fit de lui Bouddha.

Viendront d'autres renoncements. Celui de ne rien posséder ni garder, de ne rien savoir ou si peu. Ça fait beaucoup de « rien », ça creuse un grand espace pour le désir de l'âme, pour l'ampleur du voyage.

Toute plaie élargit l'être. Chez les mystiques, elle conduit à la Béance d'Amour. Mais notre premier mouvement est de terreur et de fuite car nous ne savons pas sur quoi ouvre la blessure. Nous n'avons aucune prise sur l'échappée qu'elle propose, sur l'abandon qu'elle requiert. Nous ne percevons que le cri, la douleur, nous voulons parer au plus pressé alors que la blessure permet de se mesurer à l'éternité, de rejoindre l'insondable Amour.

Vulnérables héros

Il me paraît intéressant de rapprocher deux personnages du Mythe afin de mieux discerner la place et le rôle que tient la blessure dans un parcours de divinisation. Le premier est Achille, héros de l'*Iliade*, que sa mère voulut invincible ; le second est Baldr, un dieu du panthéon scandinave qui se trouve mortellement blessé. Malgré la précaution maternelle, Achille va mourir. En dépit de sa qualité de dieu, ou plutôt en raison de celle-ci, Baldr le lumineux se révèle vulnérable.

Nous n'aimons guère les héros souffrants, les guerriers vaincus. Notre époque préfère les personnages increvables des dessins animés et des jeux virtuels, un Superman toujours indemne, un James Bond fringant et gagnant. Telle est la différence entre un aventurier qui survit à tout et ne meurt pas, et un héros qui devient immortel en traversant les épreuves et la mort. Le premier est fictif, le second porte le poids du réel. Le premier flatte nos illusions, le second nous enjoint de vivre. De la même façon, nous répugnons à envisager une divinité autrement qu'impassible et inattaquable, un dieu qui a des plaies et qui meurt paraît scandale à notre raison. Seules les âmes mystiques ressentent que Dieu pleure et s'attriste, qu'il désire, qu'il mendie même, ainsi que le dit le théologien rhénan Maître Eckhart, l'amour de l'homme. Et ce n'est pas là anthropomorphisme, mais expérience intérieure brûlante.

Je me souviens d'une réflexion que j'ai souvent entendue alors que je racontais certains mythes. « Ils finissent mal », disaient les auditeurs, des adultes. Je demandais ce qu'ils voulaient dire par là. Et ils me répondaient que le héros mourait, que les amants étaient séparés, que le juste se voyait condamné. Moi, je rétorquais : « Dans l'existence, est-on toujours jeune, toujours aimé, jamais malade, jamais trahi ? Ne meurt-on pas un jour ?.. »

Là encore, il faut différencier les gentilles histoires et autres contes bleus qui font plaisir (« ils furent heureux », etc.) des mythes qui ont vocation d'enseigner. Les uns bercent, les autres éveillent. Le propos des récits mythiques et initiatiques n'est pas de finir bien ou mal mais de *surmonter la finitude*. De hisser l'existence et de l'acheminer, dans ses beautés et dans ses douleurs, sur un plan éternel. Ils montrent ce qui transcende toute histoire personnelle, ce qui survit à la biographie, ce qui chante dans le chant.

Le bouillant Achille

Considérons Achille tout d'abord. Il est le fils d'une déesse marine, Thétis, et de Pélée, roi de Thessalie. La légende rapporte que sa mère l'avait, tout enfant, plongé dans l'eau du Styx afin de rendre son corps invulnérable. Selon une autre version, Thétis l'avait oint d'ambroisie avant de le passer dans le feu, un procédé déjà utilisé par Isis, la déesse d'Égypte, comme le montre Plutarque dans son traité. Quoi qu'il en soit, elle tenait le petit Achille par le talon, qui demeura le seul lieu de sa fragilité. On dit aussi qu'elle le nourrit avec de la moelle et de la cervelle d'animaux féroces pour le rendre fort et vaillant, qu'elle le confia ensuite au centaure Chiron qui lui enseigna l'usage des simples et quelque médecine. Puis, lorsqu'on commença à battre le rappel pour enrôler des hommes dans la guerre de Troie, Thétis n'hésita pas à habiller son jeune garçon avec des vêtements féminins et à le cacher parmi les filles du roi Lycomède. Mais Ulysse, informé par le devin Calchas, le trouva.

C'est le propre d'une mère, qu'elle soit humaine ou de race divine, de vouloir protéger son enfant de tout mal, de le soustraire à tout danger, y compris à la mort vilaine.

Toute mère garde l'homme enfant. Il est touchant d'entendre, au chant XVIII de l'*Iliade*, les paroles que Thétis adresse au bouillant Achille, lui que l'on désigne comme « le tout premier des Achéens » et que l'on compare à un lion furieux. Elle vient le consoler de la mort de son ami Patrocle et lui dit : « Mon enfant, pourquoi pleures-tu ? »

Le puissant Achille, au cœur superbe, aux pieds agiles, dans l'épopée homérique ne s'imagine pas à l'abri du trépas. Qu'il choisisse une gloire impérissable en se battant au siège de Troie ou une vie paisible dans sa patrie, la mort l'attend, il le sait. Son honneur de héros est de s'engager dans la bataille, non de fuir, non de se préserver comme l'eût aimé sa mère. À Lycaon qu'il vient de terrasser et qu'il n'épargne pas en dépit de ses supplications, Achille affirme que nul n'échappe à l'impérieux destin : « Un matin viendra – un soir, un midi – où quelqu'un au combat m'arrachera à moi aussi la vie, en me touchant ou de sa pique ou d'un trait jailli de son arc. »

Le meilleur des Achéens est donc bien conscient de sa mortalité physique, mais il est un vaillant. Certes, il est resté longtemps sous sa tente, en proie à la colère contre le roi Agamemnon qui lui avait ravi Briséis, sa compagne ; certes, il a d'abord refusé de participer aux combats, préférant jouer de la cithare pour calmer sa fureur. Mais lorsqu'il apprend que tant de héros grecs sont tombés et que son cher Patrocle a rendu l'âme, il se lance de toutes ses forces contre les ennemis, il crie et se démène, il frappe sans merci, il taillade, égorge, éventre, il répand dans les rangs des Troyens le carnage et la mort rouge. Les sabots de ses chevaux avancent dans une mare de sang qui ne semble point l'épouvanter ni le faire fléchir. Il tuera Hector sans montrer nulle pitié : il venge la mort de Patrocle.

La blessure invisible

Or, ce qui est troublant, malgré tant de luttes farouches Achille paraît lui-même rarement atteint. Il n'est guère fait mention, dans l'*Iliade*, que d'une égratignure au coude du bras droit alors qu'il affronte Astéropée – épisode relaté au chant XXI. Bien sûr, il est revêtu d'armes extraordinaires, forgées par Héphaïstos lui-même : un bouclier sur lequel le dieu forgeron a représenté le monde terrestre, le ciel, la mer, les constellations, les activités humaines et les troupeaux opulents ; une cuirasse, un casque avec un cimier d'or et des jambières. C'est encore Thétis qui est venue demander à Héphaïstos de fabriquer pour son fils ces armes merveilleuses. La mère redouble de précautions et invente mille ruses pour que son enfant reste en vie. Pourtant, elle ne peut le prémunir contre la colère, le chagrin, elle ne peut l'empêcher de souffrir affreusement lorsqu'il apprend la mort de son cher Patrocle. Au fond, la véritable blessure, invisible, d'Achille est la perte de son ami et il n'est ni prévention ni remède à ces sortes de déchirements. Tous les gestes de Thétis pour immuniser son fils contre le trépas – en le plongeant dans les eaux du fleuve infernal, en lui prodiguant une nourriture roborative, en l'habillant en fille pour échapper à la guerre, en lui procurant ensuite des armes faites de la main d'un dieu –, tous ces gestes sont d'un faible poids face à la cruelle absence de l'ami disparu. Avant de trouver la mort d'une flèche au talon, décochée par Pâris, Achille a reçu en son cœur l'irrémédiable blessure creusée par la mort d'un être aimé.

Est-ce là ce que l'aède aveugle a voulu nous faire entendre ? En tout cas dans l'*Iliade* Achille ne meurt pas. C'est Ovide, bien plus tard, qui évoquera l'épisode où Apollon dirige la flèche de Pâris en direction du lieu de fragilité du héros. D'autres ont dit que le bouillant Achille fut atteint au talon alors qu'il était en train de violer Polyxène, la fille du roi Priam et la sœur de Pâris. Étrange fin pour un guerrier farouche. La femme serait la faille du héros – ce qui concorde avec la mentalité épique. Ou, plus finement, le cœur superbe d'Achille, de tout noble guerrier, est atteint dans ses affections et son corps frappé là où il est pris en défaut – moins le talon que le désir intempestif. Achille est vulnérable parce qu'il s'est attaché à Patrocle que le trépas ravit, parce qu'il s'est montré tendre à la tentation que représente Polyxène après quelques autres femmes. Achille le puissant n'a donc rien d'un héros impassible, sa fougue amoureuse autant que guerrière le rend sinon immortel du moins juvénile. Mais il n'est plus un enfant, il a reçu les glorieuses marques d'une vie embrassée dans sa totalité, une vie prise à bras-le-corps. Il est devenu un homme, avec un cœur sensible et un courage à toute épreuve, aussi a-t-il été atteint. L'enfant est protégé par sa mère, la brute par son épaisseur, mais celui qui a touché son humanité se trouve forcément, heureusement, en proie à la navrure.

L'épopée germanique de l'*Or du Rhin*, mise en musique par Richard Wagner, montre que le fier Siegfried a été trempé dans le sang bouillant d'un dragon afin d'être invincible. Son talon d'Achille est figuré par une feuille de tilleul qui tombe et se loge entre ses épaules. Là est le point sensible. Là il peut être touché.

Comme Achille, comme Siegfried, nous sommes « presque » invulnérables. Presque des dieux. Ce hiatus ne désigne pas une moindre grandeur, une faiblesse condamnable, mais le chemin à parcourir pour accéder à notre nature immortelle. Feuille légère de tilleul, tendre carré de peau, notre frêle part humaine peut être sauvée parce qu'elle n'a pas été épargnée. Il n'est rien à sauver dans une machine de guerre.

Ces héros presque invulnérables posent à chacun la question : où suis-je moi-même atteignable ? en quelle parcelle du corps, en quelle fracture de l'âme, en quel repli du cœur la flèche du destin, la morsure de l'épreuve peuvent-elles me frapper ? Il est moins important de contempler la plaie que ce qui l'a permise et peut-être appelée. Chacun n'est blessé que dans ce qui lui est infiniment précieux. Il est meurtri ou déchiré à la mesure de ses attachements, de l'amour ressenti et offert. Achille déclare dans l'*Iliade* : « Il n'est rien, pour moi, qui vaille la vie. » Et comment rendre grâces à la vie si ce n'est en s'y jetant de toutes ses forces, en l'étreignant sans crainte d'être endommagé ? Que vaut une vie sans amour, sans défi, sans dépassement de soi ?

Précaire, précieuse vie

Contrairement à ce qu'imaginait Thétis, l'invulnérabilité ne confère pas à un homme l'immortalité. Achille, comme Héraclès, comme Philoctète et tant d'autres héros, porte sur ses épaules puissantes et dans son grand cœur la douleur des hommes. On sait que dans les textes traditionnels, tout prénom a un sens profond et annonce un destin singulier. Parmi les diverses étymologies qui ont été suggérées pour éclairer le nom du fils de Pélée, *Akhilleus*, la plus vraisemblable est celle qui propose de le faire dériver de deux termes : *akhos*, l'« affliction », et *laos*, le « peuple ». Paradoxalement, Achille, qui passait pour invulnérable, est par excellence l'homme de la douleur : moins celui qui inflige des souffrances autour de lui que celui qui représente, qui assume aussi, la peine de tout un peuple.

Achille est atteint dans son honneur, dans sa fierté, dans ses amitiés et ses alliances, dans la tendresse et le désir qu'il voue aux femmes. Briséis lui est enlevée, il perd nombre de ses compagnons d'armes et il est accablé par la mort de Patrocle... Comment survivre à tant de deuils, comment surmonter tant d'absences et d'afflictions ? Pour un héros, l'unique voie est de faire de sa douleur une gloire. De transmuter l'horreur en prouesses, en coups d'éclat qui feront tout au bout une grande lumière. Le héros antique reçoit l'immortalité d'une gloire durement conquise, et le saint, par une voie différente, obtient le salut en offrant ses souffrances. Mais aucun n'échappe à la condition humaine, au petit carré de peau, tendre à la caresse comme aux coups portés.

Dès lors, les paroles adressées par Achille à un Lycaon défait, suppliant, et qui nous semblaient dures résonnent autrement : « Va, mon ami, meurs à ton tour. Pourquoi gémir ainsi ? Patrocle est bien mort, qui valait cent fois plus que toi. Moi-même, tu le vois, je suis beau, je suis grand, je sors d'un noble père, une déesse fut ma mère : et néanmoins la mort est sur ma tête et l'impérieux destin. »

L'affliction que porte Achille en son nom de naissance invite le héros au dépassement, mais elle lui rappelle aussi sa condition précaire, égale à celle des autres hommes. Avec son peuple, avec la communauté des mortels, Achille partage les peines et les deuils ; ce qui l'en distingue et le rend immortel est la gloire qu'il obtient par sa vaillance personnelle.

Outre le talon fragile de l'illustre Achéen, nous avons déjà repéré diverses blessures au pied et à la jambe : chez Admète, Œdipe, Philoctète... Ne faudrait-il pas lire aussi, en ces endroits du corps qui se trouvent au plus proche de la terre, une leçon élémentaire d'humilité ? Tous, le roi, le noble guerrier, l'obscur passant, tous sont plantés sur la terre où ils retourneront, avec les pauvresses et les femmes splendides, avec les bœufs solides et les chèvres fantasques... On peut comprendre alors la morsure causée par un serpent, hors de tout contexte biblique. Loin d'être considéré comme une bête malfaisante, pour la Grèce ancienne le serpent est un animal chthonien, lié à la terre : rampant sur le sol, il en épouse les forces, en connaît les secrets ; sa peau se renouvelle et mue. C'est pourquoi le héros antique ne doit pas oublier son appartenance terrestre et doit se garder de l'*hybris*, cette démesure qui provoque les dieux. Blessé au talon, à la jambe, il assume son destin de mortel, mais il le dépasse par une force intérieure, une élévation de l'âme qui ne sont en rien comparables à l'excès que représente l'*hybris*.

Pleurer le dieu

Un mythe nordique offre l'exemple d'une autre précaution inutile. Ce n'est plus Thétis qui s'ingénie à sauvegarder du trépas son enfant Achille, mais la déesse Frigg, fort inquiète à l'idée que son fils Baldr, si beau et si aimable, puisse disparaître. Sans limites et pleine de tours apparaît la sollicitude des mères mais un jour ou l'autre elle se heurte à la mort qui n'épargne personne, elle doit se plier au Destin qui régit les dieux et les hommes.

La religion des anciens Scandinaves nous est connue, entre autres, grâce aux textes poétiques qu'on appelle *Edda* et dont le plus célèbre est rédigé au XIIIe siècle par un grand seigneur islandais, Snorri Sturluson (1179-1241). C'est ce dernier qui relate la mort et les funérailles du bon et lumineux Baldr, fils d'Odinn et de Frigg. Dieu principal du panthéon nordique, Odinn représente la force mais aussi la magie, il inspire les poètes et veille sur les guerriers. Frigg, son épouse, connaît le destin réservé à chaque être humain. Ils engendrent plusieurs enfants, parmi lesquels Baldr apparaît comme le plus doué, plein de sagesse et de bonté, juste et éloquent. Bien sûr, chez les dieux comme chez les humains, il y a les gentils et il rôde des méchants. Parmi ceux-ci Loki, fils de géant, figure le mal, la ruse, la destruction et le malheur. Il est l'antithèse du bienveillant Baldr, il en devient l'ennemi juré. Avec acharnement. Comme par un malin plaisir. Tel est ce que raconte l'*Edda de Snorri*.

Une nuit, Baldr est visité de songes funestes qu'il va rapporter à ses proches. Les dieux tiennent conseil et s'accordent pour protéger Baldr. L'entreprise est d'envergure. En bonne mère, Frigg se charge de la mission : elle demande à tous les animaux, au fer, au feu, à l'eau, aux pierres, aux arbres et aux plantes, elle demande aux maladies et aux poisons, à tous ceux qu'elle rencontre, de jurer que jamais ils ne nuiront à son aimable fils. Et tous sans exception prêtent serment. Mais Frigg avait négligé un surgeon de gui qui croissait à l'ouest du palais d'Odinn et qui lui semblait faible et bien inoffensif.

Une fois la mission accomplie, les dieux tiennent à vérifier l'efficacité de leur plan. Ils placent Baldr en un endroit élevé de la place publique et s'amusent à lui lancer des flèches, à lui jeter des pierres et même à le frapper. Le gentil dieu ne ressent aucun mal. Ses mauvais rêves se sont évaporés.

Mais Loki le haineux, l'envieux, regarde tout cela d'un œil mauvais. Il manigance une ruse pour vaincre Baldr. Se déguisant en femme, il va trouver Frigg et, sous prétexte de commenter le spectacle qui se déroule sur la place publique, il obtient de la déesse des informations intéressantes. Car Frigg révèle qu'elle a reçu de tous les éléments, de toutes les créatures, le serment d'épargner son cher fils. Loki insiste : ont-ils vraiment tous juré ? Négligemment, Frigg mentionne qu'elle n'a pas pris la peine de s'adresser au brimborion de gui, celui qui pousse à l'ouest...

Dans sa malignité foncière, Loki se rend aussitôt à l'endroit où surgit le rameau de gui, il l'arrache et se dirige vers la place où les dieux continuent de se divertir en prenant Baldr pour cible. Toujours déguisé en femme, il s'approche et remarque que Hodr, frère de Baldr, se tient à l'extérieur du cercle et ne participe pas au jeu. Il l'interroge. Hodr répond tout simplement qu'il est aveugle et que, de plus, il n'a ni flèche ni arme de trait. Loki s'empresse de lui fournir le petit rameau de gui et il oriente l'aveugle en direction de la cible. Bien sûr, le trait transperce

Baldr qui aussitôt tombe mort. Tous les dieux sont catastrophés. Seul Loki se frotte les mains et s'en va.

De splendides funérailles sont organisées, mais elles n'apaisent pas le chagrin des dieux qui ne peuvent supporter la perte irrémédiable de Baldr le bon. Ils décident d'envoyer Hermodr, un autre fils d'Odinn, au royaume de Hel, la Mort, afin de parlementer et d'obtenir, contre rançon, le retour du dieu bien-aimé. Bravement Hermodr dirige ses chevaux vers le sombre royaume de Hel, il rencontre la Mort et discute avec elle. La Mort finit par se laisser fléchir à une seule condition : elle rendra Baldr si « toutes choses dans le monde, vivantes aussi bien qu'inanimées, pleurent Baldr ». C'est une rançon de larmes, une moisson de pitié et de tendresse unanimes qu'elle demande.

Les dieux envoient des ambassadeurs et des messagers à travers le monde pour réclamer de la pierre, de l'animal, de l'herbe et des métaux leur contribution de larmes. Et chacun verse son obole, chacun désire le retour de Baldr. Seule une vieille femme tapie dans une grotte refuse obstinément de pleurer, elle se moque bien du sort du défunt dieu... Bien sûr la vilaine sorcière n'est autre que Loki, une nouvelle fois déguisé.

En raison d'une seule exception, Baldr reste prisonnier de la Mort. Mais un jour, peut-être, il reviendra. Quand toutes les larmes auront été versées.

Sauver Dieu

L'histoire contée par Snorri Sturluson est jolie et édifiante et les savants décèlent une christianisation certaine de l'ancien mythe nordique – Baldr évoquant comme Jésus une figure de Juste condamné, de victime innocente, ainsi qu'une promesse de rédemption. Mais le récit rappelle d'abord qu'un dieu n'est pas invulnérable. Sa blessure mortelle nous interroge et elle est de nature à nous bouleverser. Comment remédier à la blessure de la divinité, comment faire revenir le dieu parmi nous, en nous, tel est le noble propos entrevu, d'une tout autre nature que le souci permanent de guérir nos propres écorchures.

Un dieu souffrant, un juste assassiné posent question. Il ne s'agit pas seulement d'un mythe lié au cycle des saisons et de la végétation, à un culte de la fertilité. Osiris, Dumuzi, Baal, Adonis, Tammuz sont des dieux qui meurent puis renaissent au printemps ou lors de l'inondation du Nil, mais ils ne peuvent le faire sans les prières et les rituels, sans l'attente des fidèles et les larmes des femmes. Le corps morcelé d'Osiris, la blessure de Baldr ne désignent pas une faiblesse constitutive, une carence d'être, mais réclament notre participation active : c'est la longue quête d'Isis, la descente d'Inanna aux enfers pour rechercher Dumuzi, c'est la rançon des larmes pour sauver Baldr.

On rejoint ici une intuition mystique profonde qui a paru à certains frôler l'hérésie : Dieu a besoin d'être sauvé par chacun de nous. Ce qu'affirme Maître Eckhart (≃1260-1328), le grand spirituel rhénan qui eut à subir un procès d'inquisition. Quelques siècles plus tard, Etty Hillesum, jeune juive néerlandaise qui mourut à Auschwitz à vingt-neuf ans, en novembre 1943, écrit dans son *Journal* : « Je vais t'aider, mon Dieu, à ne pas t'éteindre en moi, mais je ne puis garantir d'avance. Une chose cependant m'apparaît de plus en plus claire : ce n'est pas toi qui peux nous aider, mais nous qui pouvons t'aider – et ce faisant nous nous aidons nous-mêmes. C'est tout ce qu'il nous est possible de sauver en cette époque et c'est aussi la seule chose qui compte : un peu de toi en nous, mon Dieu. Peut-être pourrons-nous aussi contribuer à te mettre au jour dans les cœurs martyrisés des autres. »

Le récit de la mort de Baldr rappelle à tout homme son éminente responsabilité dans le salut du monde, dans l'avènement du Règne de Dieu. Chacun est personnellement concerné par la mort de la Lumière, chacun devrait avoir à cœur d'implorer son retour ou d'aller la quérir.

Comme tout mythe demande à être intériorisé, l'interprétation peut se faire ainsi : en tout homme Baldr le bon, le lumineux, est aux prises avec Loki, le destructeur plein de ruses et de mensonges ; l'ignorance, figurée par l'aveugle Hodr, fait du mal étourdiment, elle voile ou tue la clarté, tandis que l'aspect courageux et sagace de Hermodr, qui dispute son frère à la Mort, représente la connaissance salvatrice. Quant à Odinn et Frigg, ils représentent des êtres transcendants qui veillent sur l'homme, mais lui laissent la liberté de choisir et ne peuvent l'empêcher de mourir. Ce frêle espace concédé à la liberté humaine peut être symbolisé par le surgeon de gui : il dépend de nous d'en faire une arme qui tue ou bien un rameau d'or.

La richesse de ce mythe nordique vient aussi de la relation étroite qui est faite entre la blessure et les larmes – comme si l'eau des pleurs sincères lavait le sang des plaies, la souillure de la mort. La rançon que réclame Hel, la divinité de la Mort, pour libérer Baldr ne souffre aucune exception : tous, bêtes et gens, arbres et pierres, tous doivent se montrer profondément remués par la disparition de l'être lumineux, c'est l'obole de leur cœur qui est demandée, c'est l'universelle compassion qui sauvera le dieu. Tant que Loki en nous – un être malfaisant qui prend toutes sortes de déguisements pour nuire et tromper – demeure avec un œil sec, un cœur fermé, le Bien ne peut être restauré ni régner dans le monde. Il suffit d'une larme pour bouleverser l'ordre ancien, de même qu'il suffit d'une seule goutte pour faire virer un mélange chimique.

Les dieux qui meurent – Osiris, Baal, Baldr –, les héros affligés et meurtris – Achille, Philoctète – ouvrent en notre conscience des terres d'humilité et, nous brisant le cœur, nous rendent compatissants. Deux vertus sont indispensables dans un parcours spirituel, elles en sont même la signature, et toutes deux, humilité et compassion, procèdent d'Amour.

Le bon Samaritain

La blessure d'autrui, qu'elle affecte un homme ou une divinité, recèle un pouvoir caché : elle met à l'épreuve notre capacité d'amour. Elle n'est donc pas moins terrible pour celui qui la rencontre que pour celui qui l'a reçue.

Tel est l'un des sens de la célèbre parabole du bon Samaritain, que rapporte l'évangéliste Luc (10, 29-38). L'histoire proposée par Jésus vient répondre à la question posée par un légiste : qui est mon prochain ? Et elle illustre le commandement que Jésus vient de rappeler avec fermeté et qui est seul gage de la vie éternelle : aimer le Seigneur de toutes ses forces, et aimer son prochain comme soi-même.

L'histoire paraît toute simple, mais elle est riche de significations profondes. « Un homme descendait de Jérusalem à Jéricho, et il tomba au milieu des brigands qui, après l'avoir dépouillé et roué de coups, s'en allèrent, le laissant à demi mort. » Passent sur la route un prêtre puis un lévite : chacun voit l'homme meurtri, tombé à terre, mais aucun ne fait le moindre geste, ils traversent même de l'autre côté et continuent. On le verra, cette attitude est bien plus grave qu'une non-assistance à personne en danger. C'est alors que survient un Samaritain, personnage de mauvaise réputation, hostile aux juifs. Or, dit le récit, le Samaritain vit l'homme blessé et abandonné et « il fut touché de compassion. Il s'approcha, banda ses plaies, y versant de l'huile et du vin, puis le chargea sur sa propre monture, le conduisit à l'hôtellerie et prit soin de lui ». L'étranger charitable remet deux deniers à l'hôtelier afin qu'il s'occupe de l'homme souffrant et le restaure, il ajoute de ne pas lésiner, car il paiera le surplus à son retour en ce lieu.

Et Jésus de conclure la parabole avec cette question adressée à son interlocuteur : lequel des trois s'est montré le prochain de l'homme tombé aux mains des brigands ? Le pharisien répond aussitôt : « Celui-là qui a pratiqué la miséricorde à son égard. »

Le récit du bon Samaritain a fait l'objet de nombreux commentaires théologiques, il a inspiré également beaucoup d'artistes et de maîtres verriers (vitraux des cathédrales de Bourges, de Chartres, de Sens, de Rouen, principalement). Son thème central est un homme blessé et délaissé : celui-ci sera-t-il soigné, réconforté, et par qui ?

Très tôt le sens symbolique de l'histoire a été mis en valeur : la victime des brigands, c'est l'homme chu en ce monde, loin de la Cité céleste. Au XIIe siècle, le moine et théologien Hugues de Saint-Victor interprète spirituellement la parabole : « Nous pouvons dire que Jérusalem représente la contemplation de l'éternité ; l'homme, la nature humaine ; Jéricho, la misère du monde ; les brigands, les démons ; la descente, la faute ; le lévite et le prêtre, nos pères, ou les prêtres de l'ancienne Alliance ; le Samaritain, le Christ ; le cheval, la chair ; l'huile, la douce consolation ; le vin, le dur reproche ; l'auberge, l'Église ; l'aubergiste, les hommes d'Église ; les deux deniers, la connaissance de l'un et l'autre Testament. »

Je me souviens que, petite fille, entendant cette belle histoire au catéchisme, j'étais surtout intriguée par le remède utilisé par le Samaritain qui me semblait faire une étrange vinaigrette. Et, dans mon imagination d'enfant, je rapprochais les baumes versés par l'étranger secourable des deux fioles entrelacées, contenant l'une de l'huile d'olive couleur d'or, l'autre du vinaigre rouge sombre, qui étaient disposées sur la table familiale lors des repas. Ce sont sans nul doute ces liquides qui, des années plus tard, m'invitent à interpréter de façon gnostique l'épisode du bon Samaritain.

L'huile et le vin

Les biblistes attestent qu'à cette époque les remèdes utilisés couramment pour soigner les plaies étaient le vin qui désinfectait et l'huile qui adoucissait. Or, sur un plan ésotérique, l'onction de l'huile qui offre douceur et compassion évoque un sacrement d'amour, et le vin figure la connaissance spirituelle qui fortifie, qui enivre parfois.

L'homme, tombé en ce monde, dépouillé de son vêtement d'immortalité, a un besoin urgent d'être « restauré » : à l'hôtellerie, certes, où il trouvera repos et nourriture, mais surtout il doit être restauré dans sa dimension verticale pour retrouver le chemin de la Jérusalem céleste. À cet être malheureux, chu dans la condition humaine limitée et souffrante, le voyageur inconnu offre d'abord de l'huile puis du vin afin que ses plaies guérissent. Autrement dit, l'Amour et la Connaissance. À l'homme meurtri, couché sur le bord de la route, le salut viendra, non d'une religion particulière, d'une loi ni d'une morale (le prêtre et le lévite qui se détournent, indifférents, impuissants), mais par la grâce d'un cœur ouvert et d'un esprit illuminé.

Si, pour les théologiens, le Samaritain a le visage du Christ, rédempteur des souffrances d'une humanité blessée par la faute originelle, d'un point de vue ésotérique il peut représenter un maître spirituel anonyme, un initié, un Vivant qui à l'exilé procure la Connaissance salvatrice qui est la vraie santé. On ne sait d'où il vient ni où il va, mais on sait qu'il voyage et lui-même dit à l'aubergiste qu'il reviendra. Il est un éveilleur qui transmet la Connaissance d'Amour, huile et vin, à l'homme accablé de maux. Car c'est un grand dommage de dissocier le Cœur de l'Esprit, l'amour de l'autre (du prochain) de l'amour de Dieu. Comme l'écrit Marguerite Yourcenar, « il n'y a pas de sagesse sans courtoisie, ni de sainteté sans chaleur humaine ». Le prêtre et le lévite de l'apologue sont légion, ils figurent entre autres tous ces prétendus spirituels qui se montrent incapables d'émotion et de tendresse, ou ces intellectuels au cœur sec qui analysent et dissertent par peur de vivre et d'aimer.

Comme nous l'avions déjà noté au sujet de Philoctète, l'homme blessé tient sans le savoir un rôle très important dans la partition de l'âme, dans l'évolution humaine : il est susceptible d'éveiller en l'autre des sentiments de miséricorde, de générosité, il peut aussi faire fuir. Ceux qui se détournent d'un homme couvert de plaies diront qu'ils ne peuvent supporter la vue du sang, l'odeur ; en réalité ils sentent que si jamais ils se penchent quelques minutes seulement sur le corps endommagé, sur le visage en pleurs, que si même ils s'approchent, ils seront happés par un abîme de souffrance qui ne les laissera plus tranquilles. Et moi, je m'aperçois au fil des pages que méditer sur la blessure, c'est se pencher, se pencher vertigineusement sur l'infini de l'Amour.

La route de l'homme terrestre ressemble à ce Pont de l'Épée que traversa, mains et pieds dénudés, le hardi Lancelot. Ainsi la blessure se tient, poignante, éclatante, entre le gouffre de la souffrance et l'abîme de l'Amour. Il s'agit non seulement d'avancer sans protection sur le fil acéré de l'épée mais, tel le Samaritain, de savoir se pencher sur la douleur des hommes, sur sa propre pauvreté, sans y sombrer. L'homme au cœur noble vit toujours au bord extrême du précipice. Ce qui le retient de tomber, c'est le Ciel. Uniquement le Ciel.

Déchirante compassion

Le bon Samaritain n'est pas une âme sensible, un secouriste qui s'occupe des blessés de la route. Il prend cette douleur avec lui (l'apologue dit qu'il charge la victime sur sa monture), il la porte jusqu'au bout : il ne s'en remet pas à l'hôtelier, il assure qu'il reviendra, qu'il paiera tout ce qu'il faut. L'homme meurtri et le Samaritain anonyme sont à jamais inséparables, comme l'est de la compassion la blessure.

Encore faut-il s'entendre sur la nature de la compassion. Aujourd'hui, on rattache ce terme à la religion bouddhique et on en fait l'équivalent d'une bienveillance accordée à tous, d'une douceur qui remplace la charité chrétienne, apparemment démodée. Être compatissant signifierait ne pas nuire, et même vouloir du bien à chacun, y compris à celui qui vous a fait du mal. Bien sûr, cet idéal est admirable. Pourtant, il me semble différent dans sa tonalité de ce que représente en Occident, pour les Grecs, les juifs et les chrétiens, la compassion. Le terme de charité semble déconsidéré de nos jours, en dépit de l'hymne brûlant que saint Paul lui consacra dans son Épître aux Corinthiens, et celui de miséricorde semble s'attacher aux personnes divines. Le terme hébreu pour la miséricorde, *rahimin*, est magnifique parce qu'il est forgé sur le mot qui désigne l'utérus, *rehem* : c'est être remué au tréfonds de son être, bouleversé dans ses entrailles. Cela n'induit pas que les femmes sont seules capables de l'éprouver, mais elles ont de bonnes dispositions...

Je ne peux dire autrement que *déchirante compassion.* Parce que la ressentir c'est être traversé, transpercé comme par un glaive. C'est être atteint en plein cœur par la souffrance, par la fragilité d'autrui – pas seulement les siens, les personnes de sa famille, de son peuple, de sa religion, pas seulement ceux qui composent l'espèce humaine, non, mais *tous* les autres, tous, les animaux, les pierres, les fleurs, les rivières... Ils font tous partie d'une même famille, comme dans le mythe nordique de Baldr, de la grande famille de la Création – ou du monde visible, si l'on veut. Ainsi, un être compatissant est ému par un moucheron qui se débat faiblement dans un verre d'eau et qu'il s'empressera de sauver, il est touché par la silencieuse existence d'une pierre le long d'un chemin, ou en voyant une plante malingre qui s'obstine à pousser entre deux pavés. Ce n'est pas du romantisme ni de l'animisme, mais une expérience irréversible qui ira s'élargissant et qui, à ce titre, peut en effaroucher plus d'un. En effet, celui qui accepte d'être touché de compassion, d'être *blessé de compassion*, sera atteint par tout. Une fois allumé, ce feu ne s'éteint pas. Mais seul un cœur brûlant d'amour est apte à apaiser la douleur du monde.

Voilà pourquoi l'homme attaqué par les brigands et le bon Samaritain sont inséparables, pourquoi ils sont l'un à l'autre indispensables. Parce qu'un homme peut être déchiré d'amour autant que de douleur. Et dans cette déchirure il rejoint l'autre, il devient son « tout proche », son prochain. Voilà pourquoi les théologiens chrétiens ont lu dans la figure de l'homme roué de coups, dépouillé et abandonné, la personne du Christ, le Serviteur souffrant, la victime innocente qui se charge du poids des péchés, tout autant qu ils ont vu dans le Samaritain le Rédempteur, celui qui sauve toutes les plaies humaines. C'est le même homme, celui qui souffre sans comprendre ni se plaindre, celui qui offre sa vie pour sauver l'autre.

Un cœur de chair

Dans la parabole que rapporte l'évangéliste Luc, le pharisien qui interroge Jésus puis écoute l'histoire ressemble à la plupart de nous : en s'enquérant de qui est son prochain, il se met *a priori* dans la position de celui qui a à donner ou à pardonner – une attitude condescendante. Jésus retourne la situation : au lieu de montrer le pauvre homme roué de coups comme le prochain à qui porter secours, il demande à l'interlocuteur, sûr de lui, qui est le prochain pour l'homme couvert de plaies qui gît sur le bord de la route. Autrement dit, il le renvoie à ses propres manques, à son imperfection, à une faiblesse qu'il ne veut point voir.

À l'arrogant, Jésus inflige, si l'on veut, une blessure d'amour-propre mais, surtout, il lui donne une double leçon d'humilité. Non seulement, en dépit de son air supérieur et de son observance méticuleuse des pratiques, le pharisien n'est pas arrivé au bout du chemin, mais encore il sera relevé, sauvé par celui auquel il pense en dernier, par un Samaritain de qui il n'attend que de l'hostilité, un étranger auquel il ne veut rien devoir. Oui, il est cet homme tombé à terre qui attend un passant charitable...

Une grave blessure, une maladie qui force à s'aliter entraînent une grande humilité. Celui qui est atteint doit ralentir son pas, faire des gestes plus doux, ou bien il est contraint de s'allonger, de se montrer faible, nu, dépendant des autres, il attend de l'aide, il n'offre plus de résistance. Non, il n'est plus le maître, celui qui commande et a toujours raison. Le voici gisant, fragile, perdant son sang, le voici – l'image est puissante – *cloué* au lit. Il s'abandonne, enfin.

Un des Proverbes de la Bible énonce : « Les blessures sanglantes sont un remède contre le mal, les coups guérissent jusqu'au fond de l'être » (20, 30). Tant d'entailles et de meurtrissures finissent par percer la cuirasse de préjugés et d'habitudes derrière lesquels on se tient à l'abri, avec bonne conscience. Elles déchirent les voiles qui recouvrent la vue. Cela ne se fait pas sans douleur et cependant toute blessure peut être un levain dans la pâte humaine, une lumière dans la nuit de l'indifférence et conduire à l'ouverture du cœur qui est compassion sans limites.

Nul n'aime entendre qu'*un cœur véritablement ouvert est un cœur brisé*. Pourtant, tous les prophètes de la Bible, tous les mystiques en témoignent. Cela ne désigne pas un chagrin irrémédiable, mais le désir qu'il n'y ait plus de séparation entre Dieu et soi, entre les autres et soi, que l'Amour embrase et unisse tout. Ainsi, la voix de l'Éternel se fait entendre par l'intermédiaire d'Ézéchiel : « Je vous donnerai un cœur nouveau, je mettrai en vous un esprit nouveau, j'ôterai de votre chair le cœur de pierre, et je vous donnerai un cœur de chair » (36, 26). Le cœur de chair est terriblement, merveilleusement, vulnérable : seul lui peut s'ouvrir et s'offrir.

Le voyageur attaqué par les brigands et le Samaritain qui panse ses plaies sont, dans l'évolution de la vie intérieure, un seul et même homme. Encore faut-il commencer par se savoir blessé, imparfait, au lieu de prétendre dès l'abord porter remède à tous les démunis, à tous les malheureux. Nul n'est capable de véritable charité s'il n'a pas été lui-même transpercé, humilié. Voilà pourquoi les guérisseurs et les chamanes des diverses traditions ont tous fait préalablement l'expérience de la brisure. C'est une même blessure qui octroie l'humilité (l'homme dépouillé, sanglant, au bord du chemin), puis ouvre à la compassion (le Samaritain qui se penche et prend avec lui les maux d'autrui comme étant sa propre histoire, son éminente responsabilité). La violence des épreuves, des coups et injures endurés, révèle au fond de soi une infinie douceur qui demande à se répandre. Le fond de l'être recèle une qualité d'amour extraordinaire, insoupçonnée, mais il fallait que tout le reste eût été brisé.

C'est la jolie réflexion que prête Colette à son héroïne qui, acceptant son âge, renonce à des plaisirs dépassés : « Quelqu'un m'a-t-il tuée, pour que je sois si douce ? »

Le geste qui sauve

La compassion commence par un seul geste, celui de se pencher, de regarder, d'écouter autrui. Elle est discrète et attentive, elle ne fait pas d'éclat, mais offre toute la chaleur dont un individu est capable. Elle est d'abord un élan qui porte vers l'autre – le fameux prochain –, quel qu'il soit, à la façon dont on pratiquait l'hospitalité dans l'Antiquité grecque : on accueillait l'étranger sans même lui demander son nom ni les raisons de son passage. C'est l'élan premier – la voix du cœur – qui fait spontanément tendre la main à une personne âgée, qui relève quelqu'un qui vient de tomber. Au fond, un seul geste compte et c'est celui qui coûte le plus : prendre l'autre dans ses bras, le serrer sur son cœur. Cela suffit, souvent, à apaiser de grandes douleurs, cela dépasse toutes les thérapies savantes et bavardes. Mais peu d'hommes savent offrir cette élémentaire chaleur d'humanité. La plupart attendent les derniers instants, le lit du malade, du mourant, une grande épreuve, pour s'ouvrir un peu, prononcer des mots tendres. Face à l'irréversible flèche du Temps qui nous atteint tous, et dans notre extrême précarité, pourquoi nous raidissons-nous encore au lieu de laisser parler notre cœur ? Pourquoi n'avons-nous pas cette audace, cette humilité, de nous jeter dans les bras de l'autre ou d'ouvrir nos bras ?

Rejoignant le bon Samaritain, la jeune Etty Hillesum termine son *Journal* par ces mots : « On voudrait être un baume versé sur tant de plaies. » C'est une noble aspiration et un souhait déchirant. Non en raison du destin que connut Etty Hillesum, mais en soi, parce que ce vœu est humainement impossible – et certaines âmes aimantes s'en trouvent inconsolables. On n'a pas les bras suffisamment ouverts, on n'a pas le cœur assez vaste, on n'aura jamais assez de temps pour serrer contre soi tout ce qui vit, souffre et se plaint. C'est une déchirure de ne pouvoir héberger l'autre en soi, de n'être ni le Samaritain qui le recueille et le panse, ni l'aubergiste qui lui offre un toit et de quoi se sustenter. On ne se prend pas pour un sauveur, pour un baume seulement, on sait que la personne tombée, couverte de plaies, n'est pas guérie, mais qu'au moins elle se repose un peu, qu'elle se refait des forces avant de continuer sa route. Et, surtout, elle aura rencontré sur son chemin un visage de bonté ou, tout simplement, un visage humain. On voudrait être ce visage...

Mes frères animaux

La charité s'avère sans frontières parce que le cœur brisé est sans limites. L'animal, l'arbre, l'océan, tout mérite soins et attentions. Plus précisément, les animaux ont un rôle qui les rapproche des innocents : leur souffrance qu'on dit muette parce qu'elle ne s'exprime pas avec des mots articulés peut occasionner chez l'homme une irréversible fêlure et faire lever en lui des trésors de douceur. Ce n'est pas un hasard si le Christ est comparé à un agneau, accablé injustement et qui ne se défend pas. L'Agneau mystique évoque le mystère de la souffrance de l'innocent : la plus grande humilité déversant des flots de compassion.

Je me souviens avec émotion d'une rencontre que je fis, il y a quelques années, au Portugal, sur une plage de l'Algarve. Je marchais un matin le long de la mer quand mon regard fut attiré par une chose luisante et noire qui brillait au soleil. M'approchant, je crus d'abord qu'il s'agissait d'un amas de goudron car ce que je voyais était flasque et lisse et je repérai non loin, sur le sable humide, quelques autres monticules semblables... Mais, ne pouvant imaginer que cette belle plage était polluée, je me penchai et effleurai cette sorte de galet mou et tranquille. C'est alors que la chose frémit, se contracta, s'étira un peu et je vis apparaître une minuscule trompe ou un infime museau. Bref, c'était bel et bien un être vivant qui semblait hésiter entre l'algue, le minéral et le mollusque. Mais la pauvre bestiole était si laide : on eût dit un crachat de Neptune, un raté de la Création.

Et là, face à cet animalcule informe, gluant et très laid, au lieu d'éprouver dégoût et répulsion, je fus prise d'une immense pitié et d'une tendresse sans fond, regardant ce tout petit être sans défense, gisant sur le sable, attendant sans doute la prochaine marée. Cet être vivant était totalement nu et totalement livré aux éléments, à un mauvais coup de pied ou de pelle. Il n'avait pas de coquille, pas de pinces, pas même de pattes ni de nageoires pour fuir ou se cacher. Et je ne sus que faire : fallait-il remettre à flot l'animal peut-être échoué ? l'asperger de quelques gouttes d'eau de mer ?

Je m'éloignai, songeuse, le cœur tout remué. Ainsi, cette chose incongrue – qui devait être une limace de mer et appartenir à la famille bien nommée des nudibranches, je l'appris plus tard – m'avait fait ressentir ce qu'on appelle la compassion, la *déchirante* compassion. Car si ce sentiment était léger et doux à vivre, ils ne seraient pas si nombreux, les humains, à s'en méfier, à s'en détourner. Mais voilà : l'état compatissant est une tendresse qui dépouille et fait mal ; il nous rend vulnérables, démunis et offerts, à l'image du nudibranche. Lorsqu'un être humain consent à entrouvrir sa carapace, il se sent atteint, voire assailli, par l'Amour en ses multiples formes : pitié, bienveillance, tendresse, fraternité... et il ne peut plus être heureux tout seul, avec une conscience paisible.

Les sages et les saints de toutes les traditions se caractérisent par leur respect et leur douceur compatissante envers tous les animaux sans distinction. Je ne citerai que quelques exemples. C'est, dans la Grèce antique, Xénocrate, un disciple de Platon. Un jour, un moineau que poursuivait un épervier se réfugia sous son manteau. Le philosophe caressa l'oiseau effrayé avant de le laisser s'envoler, disant qu'on ne doit pas livrer le suppliant. C'est, vers la même époque

que saint François d'Assise, le mystique Rûmî. Le soufi croisa un jour le regard d'un bœuf qu'on menait à l'abattoir. Aussitôt, il acheta l'animal afin de le sauver de la mort. C'est aussi, au XVIIIe siècle en Europe centrale, le Baal Shem-Tov, la grande figure du hassidisme, qui priait et chantait au milieu des moutons, comme le Poverello d'Assise prêchait aux oiseaux et saint Antoine adressait un sermon aux poissons. Ce sont encore, au fil des siècles, des moniales chrétiennes et des lamas tibétains anonymes qui se rendent sur les marchés et y achètent des oiseaux à qui ils rendent la liberté ou des poissons vivants qu'ils remettent à l'eau. C'est enfin ce maître zen contemporain qui, apercevant un cafard à l'intérieur de sa maison, le reconduit à la porte en lui souhaitant bonne chance...

En fait, le rôle humble et essentiel qu'assument en ce monde les animaux de toutes espèces, le sens profond de leurs souffrances injustes tiennent en ceci : *éveiller les humains à la compassion*. Entamer leur cœur de pierre, faire fondre le froid métal de leur raison.

Un abîme d'amour

Au VIIe siècle, le moine Isaac le Syrien, qui fut pendant quelques mois évêque de Ninive, pose dans un de ses traités la question : « Qu'est-ce qu'un cœur compatissant ? » Et voici la réponse : « C'est un cœur qui brûle pour toute la création, pour les hommes, pour les oiseaux, pour les bêtes, pour les démons, pour toute créature. Lorsqu'il pense à eux, lorsqu'il les voit, ses yeux versent des larmes. Si forte, si violente est sa compassion [...] que son cœur se brise lorsqu'il voit le mal et la souffrance de la plus humble créature. »

Les animaux eux-mêmes font preuve d'un dévouement sans bornes, tel le lapin qui, constatant que le Bouddha n'avait rien à manger, sauta tout vif dans le feu afin de s'offrir en nourriture. La légende ajoute que ce sacrifice valut au lapin de figurer dans le calendrier chinois parmi les douze animaux. En Occident, la légende du rouge-gorge n'est pas moins touchante : elle dit que le frêle oiseau eut tellement mal de voir les souffrances endurées par Jésus lors de sa Passion que, pour soulager un peu le supplicié, il s'employa de son petit bec à détacher les épines, au moins une, de la couronne qui meurtrissait le vénérable front. En souvenir, une tache de sang lui resta sur le poitrail.

Le tendre rouge-gorge me fait penser à un geste que relate sainte Gertrude d'Helfta (1256-1302), ardente moniale qui connut la blessure d'Amour et, comme tout mystique, n'en voulut point guérir. Elle raconte qu'un jour, contemplant le crucifix qui ne la quittait pas, elle avait été remuée d'un tel mouvement de charité qu'elle avait arraché les clous de fer pour les remplacer par des « clous de girofle odoriférants ». Maigre consolation, diront les esprits forts. Mais, lors d'une nuit de prière, la moniale entendit que le Seigneur avait agréé son geste et qu'il lui fut doux.

Ce qui compte, ce n'est pas l'efficacité matérielle, mais bien le mouvement irrésistible du cœur à l'origine du geste secourable. Ainsi du bon Samaritain dans la parabole au sens inépuisable. Il n'est pas précisé qu'il guérit le voyageur, mais qu'il panse ses plaies. Encore s'est-il arrêté, encore a-t-il porté attention à l'homme en piteux état. Cette seconde d'attention est capable de réchauffer un être, de sauver une vie, elle est d'un prix inestimable.

Dans une de ses *Visions* la béguine Hadewijch d'Anvers s'écrie : « Ah ! Rien ne m'a tant blessée que la compassion, sinon l'amour même ! » Toute blessure offre un chemin d'élévation qui n'est pas pour autant de sérénité. Contrairement à la voie bouddhique qui enseigne à dépasser la souffrance par le non-désir, le mystique occidental va de fêlure en déchirure, agrandissant en lui l'espace pour le Tout-Autre et pour le prochain. Devenu béance, il se fond en l'abîme d'Amour.

Au niveau du moi élémentaire, de la survie égocentrique, le chemin qui semble évident est celui qui va de la blessure à la guérison. Tandis que, sur le plan spirituel, le chemin va de la blessure à la compassion et à l'offrande de soi. Le sens ultime de la charité est le sacrifice de soi, la crucifixion : donner sa vie devient l'unique remède à la blessure du monde. Le mystique, que l'existence a rarement épargné, fait de ses meurtrissures une fontaine d'amour et de consolation qui désaltère autrui et rend grâces à Dieu. Voilà pourquoi la blessure octroie à quelques-uns, rares héros, saints cachés, de *passer le seuil de la souffrance permise*, à savoir de passer de l'infini de la douleur, lot réservé aux humains, à l'infini de l'Amour, qui est propre au Divin. C'est en ce seul nom que la blessure s'avoue glorieuse.

V.

Les rencontres capitales

« Il est bien difficile de jouer avec Dieu
et de ne pas s'ensanglanter. »

NIKOS KAZANTZAKI

Le Temps tue, et l'Éternel aussi.

Toute rencontre, désirée ou fortuite, avec l'Incommensurable est une expérience déchirante et irréversible. Ainsi peuvent s'interpréter les mythes grecs où, face à la divinité – Zeus, Athéna, Cybèle, Apollon –, la créature mortelle se retrouve aveuglée, lacérée ou réduite en cendres. De même, le Dieu des Hébreux se manifeste à ses prophètes sous le couvert d'un buisson, d'une nuée, pour atténuer les effets de sa toute-puissance.

Sémélé est foudroyée pour avoir demandé à Zeus, son divin amant, de se montrer à elle dans toute sa magnificence ; Tirésias est contraint à la cécité pour avoir aperçu Athéna dans son bain. Les dieux seraient-ils si cruels ? Non point. Mais nul n'approche du sacré impunément. Une telle expérience dépasse la conscience et les sens ordinaires : c'est comme une brèche faite dans le tissu des jours, comme une déchirure dans la tunique de peau. La vision transcendante dépasse l'humain qui ne peut plus demeurer dans son enveloppe corporelle.

La femme de Barbe-Bleue

Mais, préalablement, tout homme fait l'expérience du Temps qui ronge et dévore tout. Je déchiffre en ce sens le célèbre conte de Perrault intitulé *La Barbe-Bleue*. Le personnage principal est un homme qui dispose de nombreuses richesses et possède des domaines étendus « à la ville et à la campagne ». Malheureusement, il est doté d'une barbe à la couleur inquiétante, d'un bleu tirant sur le noir, qui est donc à l'opposé d'une barbe blanche, symbole de sagesse. Il parvient cependant à séduire, en raison des plaisirs et des réjouissances qu'il propose, une jeune femme dont le nom n'est pas précisé parce qu'elle représente tout un chacun. Celle-ci s'apercevra un peu plus tard, en de sinistres circonstances, qu'elle n'est pas la première épouse de Barbe-Bleue… Le mariage a donc lieu et, un mois après, l'homme dit à sa femme qu'il doit s'absenter, mais il l'invite à se divertir avec ses amies et à faire bonne chère. Du reste, il lui confie toutes les clefs qui ouvrent ses coffres-forts ainsi que les pièces nombreuses de ses appartements. Une seule petite clef ne doit pas être utilisée et le mari défend vivement à son épouse d'entrer dans ce cabinet, sous peine de subir sa terrible colère. On apprendra que le cabinet interdit se situe en un lieu reculé et souterrain, loin des pièces de réception plaisantes.

La jeune mariée reçoit ses amies et toutes se mettent comme par jeu à parcourir les chambres, à découvrir les meubles et les miroirs, elles se prennent à envier le bonheur de la jeune épouse. Pourtant celle-ci a autre chose en tête, elle est impatiente d'« aller ouvrir le cabinet de l'appartement bas ». Il s'agit moins de curiosité causée par l'attrait du fruit défendu que de l'intuition féminine qui pressent une découverte importante et se risque à l'affronter. S'échappant, la femme se dirige précipitamment vers un escalier dérobé, descend les marches et arrive en tremblant devant la porte du cabinet. Et elle ouvre la pièce avec la petite clef. Perrault raconte la scène : « D'abord elle ne vit rien, parce que les fenêtres étaient fermées ; après quelques moments elle commença à voir que le plancher était tout couvert de sang caillé, et que dans ce sang se miraient les corps de plusieurs femmes mortes et attachées le long des murs (c'étaient toutes les femmes que la Barbe-Bleue avait épousées et qu'il avait égorgées l'une après l'autre). » Effrayée par cette macabre découverte, la femme tremble et la clef tombe sur le sol. Vite elle la ramasse, referme la porte et monte dans sa chambre pour se remettre de ses émotions. Elle remarque alors que la clef est tachée de sang et elle a beau employer divers produits, le sang ne s'en va pas.

Le redoutable mari revient le soir même, bien plus tôt que prévu. Le lendemain, il demande à son épouse de lui remettre le trousseau qu'il lui avait confié. Elle s'exécute en tremblant. Bien sûr, Barbe-Bleue remarque immédiatement la tache de sang et dit tout bonnement à la désobéissante qu'elle va rejoindre les femmes qu'elle a vues dans le cabinet souterrain.

La femme supplie, mais en vain. Puis elle essaie de gagner du temps pour prier Dieu. Dans la vie comme dans les contes, l'être humain se souvient de Dieu lorsqu'il se trouve accablé ou près de mourir. À ce point de l'histoire apparaît un personnage qui n'a pas encore été mentionné, il s'agit de la sœur de la malheureuse héroïne, elle s'appelle Anne. Si l'on entend le conte de façon intérieure, cela signifie que la femme de Barbe-Bleue, celle qui a épousé le Temps et ses œuvres mauvaises, fait appel à une dimension supérieure, capable de la secourir. Anne n'est pas une sœur ordinaire, au sens familial, mais une alliée véritable, la voix qui l'enjoint de dépasser la peur et l'horreur de sa condition actuelle, d'aller plus haut, de voir plus loin. D'ailleurs, précise le récit, Anne monte en haut de la Tour et la pauvre affligée s'adresse à elle à trois reprises de façon poignante : « Anne, ma sœur Anne, ne vois-tu rien venir ? » En effet, seule une vision transcendante est apte à délivrer le mortel de l'image lugubre des corps baignant dans le sang. Pendant ce temps, Barbe-Bleue s'impatiente, il crie à en faire trembler les murs et apprête son grand coutelas. Le Temps tue, tout le monde le répète, mais nul ne veut en prendre conscience avant d'y avoir été confronté personnellement.

La pauvre condamnée se lamente et prie, Barbe-Bleue s'agite et vocifère, et là-haut, au sommet de la Tour, Anne en silence regarde au loin. Cette vision supérieure et ample du monde fait, dirait-on, surgir deux Cavaliers qui se révèlent être également des frères. Ils arrivent à toute allure. Ils représentent les puissances de l'Esprit, puissances actives et secourables. Ils accourent quand on les sollicite de toute son âme, quand on se souvient d'eux. « Dieu soit loué », s'écrie la femme de Barbe-Bleue en apprenant l'arrivée de ses frères. Les deux Cavaliers l'arrachent *in extremis* à la mort annoncée, ils arrêtent le bras qui brandissait un coutelas pour égorger une énième victime. Et ils transpercent de leur épée l'époux tyrannique dont la barbe était de mauvais augure.

Vaincre le temps

Selon mon interprétation du conte de Perrault, seul l'Éternel, par l'intermédiaire des deux Cavaliers, peut délivrer du Temps (Barbe-Bleue) et de la mort commune à tous (le cabinet sanglant) la femme condamnée qui représente la créature mortelle. Tant que la créature reste l'épouse du Temps, elle est promise à une mort certaine, mais pour l'oublier elle se divertit, elle jouit des plaisirs nombreux et éphémères du monde, elle prend du « bon temps ». La rencontre avec la mort (les femmes égorgées) laisse dans sa conscience une marque ineffaçable (la tache de sang sur la clef). Dès lors, pour s'affranchir de sa condition mortelle, la créature en grand péril se souvient d'une Réalité supérieure et invoque Dieu. L'élévation de l'âme est figurée par Anne, double spirituel de la condamnée qui monte à la Tour et, ce faisant, prend du recul et de la hauteur pour avoir une vision panoramique. Seule Anne est capable d'apercevoir les deux Cavaliers d'Apocalypse, les envoyés surnaturels qui délivreront la condamnée à mort et terrasseront le Temps en la personne de Barbe-Bleue.

Les cadavres pendus dans un cabinet noir, les caillots de sang, le coutelas de l'époux impitoyable : ces images ne sont point faites pour terroriser le lecteur, mais pour rappeler à tout homme sa finitude. Cette vision affreuse est notre sort à tous si nous restons dans la prison dorée du monde. Le conte rappelle aussi qu'il n'est pas de belle mort ni de mort douce : il est seulement une façon – confiante, sage, admirable – de traverser, de dépasser la mort. De terrasser le Temps. Grâce à l'Amour, grâce à la Connaissance. Je nomme Amour et Connaissance les deux Cavaliers qui accourent pour sauver chacun d'entre nous. Ils ne sont pas des étrangers, des personnes extérieures : ils sont des frères, nos plus proches et efficaces alliés dans le malheur, dans l'existence humaine forcément chaotique. Tant que le mortel ne s'éveille pas à une dimension spirituelle, tant qu'il ne fait pas appel instamment aux deux puissances que sont Amour et Connaissance – deux voies de salut qui n'en font qu'une –, il est condamné à périr, comme tous les autres, dans une obscure officine où s'entassent des cadavres.

Il est simpliste de ne voir en Barbe-Bleue qu'un despote sanguinaire et rusé : il annonce, si je puis dire, la couleur par sa barbe aux reflets équivoques. Tous pourtant se laissent prendre à ses charmes, tous ont envie de profiter des plaisirs et des biens qu'il sait dispenser, en omettant volontairement le détail inquiétant qui qualifie sa personne entière : il est le Temps qui détruit tout et qui apporte la mort, il est le Temps qui n'a nulle pitié. Mais, comme le rappellent les deux Cavaliers, il ne règne que sur ce monde.

Divins délires

Seul l'Éternel délivre du Temps. Mais voici : à ceux qui héroïquement partent à sa recherche, par l'Amour et par la Connaissance, et qui un jour le rencontrent, la mort aussi est assurée. Une autre mort, terrible et magnifique, qui est représentée par la mise en pièces du corps.

Il y a, si l'on veut, une suite à l'histoire de Barbe-Bleue.

Et elle n'est pas de tout repos. La créature qui s'est élevée au-dessus de sa condition mortelle doit œuvrer sans cesse, elle vise la contemplation des choses divines et tend vers ce seul but. Or, la rencontre avec le Divin n'est pas une simple blessure, elle signe la sortie du corps et du monde sensible. C'est pourquoi elle est figurée par des images de lacération et de dépècement.

Dans une existence humaine il est deux sortes de rencontres irrémédiables : la rencontre avec le Temps, que j'appellerai *capitale*, et qui s'exprime dans les mythes et les contes par le symbole de la décapitation ou de l'égorgement ; et la rencontre, réservée à quelques-uns, avec le Divin, que je qualifierai d'*essentielle* et qui est symbolisée par un homme écorché vif ou déchiqueté.

Dans les mythes grecs, quatre héros personnifient l'expérience de l'union fulgurante et irréversible avec la Divinité, lors d'une transe ou d'une extase : Orphée, Atys, Marsyas, Actéon. Du moins ai-je retenu ces quatre figures qui me paraissent correspondre aux quatre étreintes sacrées telles que Socrate les définit dans le *Phèdre*. Dans ce dialogue, Socrate invoque le délire (*mania* en grec, dont l'équivalent latin est *furor*) qui n'est pas une folie ordinaire, ni une maladie, mais qui est « pour nous la source des plus grands biens, quand il est l'effet d'une faveur divine ». Et il dénombre quatre sortes de délire : divinatoire, sacerdotal, poétique et amoureux. Au Quattrocento le platonicien Marsile Ficin reprendra ces dénominations, mais en un ordre différent, dans son commentaire sur *Le Banquet* : « Il y a quatre espèces de fureur divine : la première est la fureur poétique, la seconde celle des mystères, la troisième celle de la prophétie, la quatrième celle de l'amour : la poésie dépend des

Muses, les mystères de Bacchus, la divination d'Apollon, et l'amour de Vénus. »

Je suivrai l'ordre proposé par Marsile Ficin pour explorer successivement les figures d'Orphée, d'Atys, de Marsyas et d'Actéon. Et, bien sûr, je suis avant tout redevable au grand Giordano Bruno qui, dans *Des fureurs héroïques*, en 1585, a éclairé de façon magistrale le mythe d'Actéon.

Le poète mis à mal

Orphée est un légendaire poète de Thrace qui, par ses chants inspirés et sa lyre, émeut toute créature. Son histoire nous est rapportée par Virgile, dans la quatrième des *Géorgiques*, et par Ovide, aux livres X et XI des *Métamorphoses*. Les deux versions sont proches.

Le jour même de son mariage avec Orphée, Eurydice est mordue au talon par un serpent et meurt de la blessure. Orphée est très malheureux et il essaie de se consoler avec la musique. Puis il décide d'aller chercher son épouse au royaume des ombres. Grâce à son talent de musicien, il parvient à toucher Cerbère et à fléchir la loi d'Hadès et de Proserpine. Les dieux infernaux lui accordent de remonter à la lumière du jour avec Eurydice, à condition toutefois de marcher devant elle et de ne pas se retourner. Mais voici que, sous le coup de l'impatience ou d'une folie subite, Orphée regarde en arrière. À nouveau la femme aimée est happée par la mort et retourne au pays des ombres. Deux fois perdue. La première fois, de mort naturelle, la seconde par la faute d'Orphée.

Il n'y a jamais de seconde chance.

À nouveau Orphée s'empare de sa lyre dont il tire des accents déchirants. Il chante à fendre le cœur des tigres et des pierres, à bouleverser les grands chênes, à suspendre le cours des nuages. Durant des mois et des années, le poète s'enferme dans son deuil, dans une déploration qui n'en finit pas, qui lui fait mépriser toutes les autres femmes et la beauté du jour. Son attitude exaspère les habitantes de Thrace et, lors d'une nuit où se célèbrent les bacchanales, elles se jettent sur lui avec pierres et armes, déchirent son corps et arrachent sa tête. Le spectacle est sanglant.

La tête d'Orphée flotte, avec sa lyre, dans le fleuve voisin, qu'on appelle l'Hèbre. Et l'on dit qu'elle gémit et se plaint, appelant Eurydice, Eurydice, tandis que le courant l'emporte.

La scène de carnage est imputée à une vengeance féminine et se déroule lors d'une fête de Dionysos, au cours d'une nuit d'orgie. Dionysos est une divinité qui fut dépecée puis reconstituée. De quoi les bacchantes de Thrace voulaient-elles se venger ? De la froideur d'Orphée à leur égard ou bien de son acte impardonnable qui a renvoyé Eurydice aux Enfers ?

Il me semble que leur acharnement dépasse de loin l'aspect personnel. Ces servantes du culte dionysiaque deviennent, en une nuit violente, des intermédiaires entre la divinité et les hommes. Elles ne se ruent pas sur Orphée comme sur une victime, elles ne le chargent pas de toutes les fautes à expier, mais elles en font le corps même du dieu qu'elles célèbrent, en un sacrifice qui est incompréhensible à la raison humaine.

La déchirure d'aimer

Comment dire la transgression, l'excès, autrement que par un corps lacéré et mis en pièces ? Jusque-là, Orphée, en excellent poète et habile musicien, maîtrisait sa peine comme il gouvernait les mots et les cadences. Il avait peur, comme tant d'autres hommes, de se perdre dans la douleur et dans l'amour. Après la mort de sa femme, il avoue, selon la version d'Ovide : « J'ai voulu trouver la force de supporter cette perte, et je ne nierai pas de l'avoir tenté ; l'Amour l'a emporté. » Sa première faute est donc d'avoir voulu oublier la femme aimée, autrement dit de trahir l'Amour.

Puis il trouve la force d'aller chercher Eurydice, de braver le gardien et les dieux des Enfers. Et sa vaillance est récompensée puisque son épouse lui est rendue. Mais la deuxième faute qu'il commet est de se retourner, de vouloir saisir Eurydice, de s'approprier le don des dieux. Or l'Amour, pas plus que la Poésie, n'appartient aux mortels.

Et la troisième erreur dans laquelle le veuf inconsolable s'enferme, c'est le refus de l'Amour en ses divers visages. Orphée, avec ses chants plaintifs, fige ce qui est sans cesse mutable, l'Amour qui demande à poursuivre.

Les femmes de Thrace, prêtresses de Dionysos, donnent à Orphée la véritable mesure de l'Amour et de la Poésie qui est l'*outre-mesure* – ce qui est proprement nommé « fureur » ou « délire divin » par Socrate. Dans cette expérience irréversible, l'homme ne s'appartient plus, il est visité, envahi par des puissances supérieures qui mettent forcément à mal son étroite enveloppe corporelle et l'ouvrent à l'illimité.

L'image sanglante d'un corps déchiré, d'une tête arrachée, évoque la dépossession infinie qu'offre le véritable Amour et dont tant d'hommes se gardent. Dans son anéantissement la créature rejoint le Tout. Ce n'est que dans la perte totale de soi qu'un être humain accède à l'ineffable de l'Amour, à l'insaisissable du Chant. Le poète ni l'amoureux n'ont le dernier mot : c'est toujours le Divin qui triomphe, dans la gloire ou dans la ruine.

L'histoire d'Orphée sonne tragiquement, non pas seulement en raison de la mort sauvage du poète : elle laisse entendre qu'*il n'est pas d'amour humain* – ni sur terre ni aux enfers –, *mais seulement un amour surhumain* qui prend l'allure d'une haute fureur, d'un divin délire. L'absolu de l'Amour est impossible aux mortels tant qu'ils ne consentent pas au naufrage total, à la déchirure irrémédiable. Cet absolu est indicible, même pour le meilleur des poètes, et celui-ci doit rendre gorge, perdre l'usage de la parole et disparaître dans le silence.

L'Amour n'est pas de ce monde. Il ne peut être vécu ni sur terre, dans une union heureuse (Eurydice meurt le jour de l'hyménée), ni de retour de l'enfer (la femme est de nouveau enlevée), mais seulement dans l'au-delà du corps et en un monde supérieur où il n'est plus de repères ni de mots. Autrement dit, *aimer c'est mourir* parce que c'est rencontrer l'Absolu.

Nulle créature ne résiste à une telle intensité. Aussi la plupart des humains se contentent-ils d'éprouver des sentiments, d'épeler la grammaire amoureuse. Mais s'ils franchissent le seuil irréversible, c'est l'Amour qui les éprouve jusqu'à les mettre en pièces. Le mythe d'Orphée rappelle que la fulgurance de l'inspiration poétique et l'embrasement d'amour sont des étreintes avec le Divin dont on ne revient pas. Les mystiques et les kabbalistes parlent de la mort dans un baiser, *mors in osculo*, qui est une rare faveur accordée par l'Éternel.

Il ne faut pas plaindre Orphée. Son âme a rejoint la musique des sphères.

Étrange mutilation

Un autre personnage du mythe grec suggère que l'homme doit passer par la faille, par la brisure même, pour parvenir au sans-faille, c'est-à-dire à l'Absolu. Il s'agit du jeune Atys qui, lors d'une transe, va s'émasculer pour s'offrir à la déesse Cybèle qu'un temps il avait dédaignée.

Divinité venue d'Asie mineure, Cybèle est considérée comme la Grande Mère, puissante et protectrice. On la représente avec le front couronné de tours et avançant sur un char conduit par des lions. On l'appelle encore Mère des dieux, Bonne Déesse. Pour autant, la fable qui relate son amour pour Atys et qui est commémorée dans son culte ne paraît guère tendre.

Cybèle s'était éprise d'Atys, un jeune Phrygien, et elle lui avait confié la garde de son culte en l'enjoignant à la chasteté. Mais le jeune homme rompit son vœu en se liant à une nymphe, Sangaride. Furieuse, la déesse fit périr la nymphe et elle frappa Atys d'un égarement au cours duquel il s'émascula. Cybèle transforma son étrange amant en un pin, qui tient un grand rôle dans les cérémonies qui lui sont dédiées. En 204 avant l'ère chrétienne, le culte de Cybèle et de l'inséparable Atys fut introduit à Rome solennellement. On rapporte que les dévots étaient pris de frénésie, sautaient, dansaient au son des instruments, puis se flagellaient, s'entaillant à coups de couteau bras et épaules pour arroser de leur sang les autels et le pin dédiés à la Grande Déesse.

Dira-t-on qu'il s'agit d'un culte barbare ? Certainement pas, même si ces manifestations nous semblent inquiétantes et paraissent renvoyer à un fond obscur de l'homme. Les incisions et les lacérations, les pratiques de flagellation sont loin d'être absentes des religions monothéistes : elles évoquent une participation active aux souffrances de celui qu'on honore ainsi qu'une alliance que le fidèle reconduit avec son Dieu. Et comment laisser pénétrer le Divin, comment offrir sa vie, son sang, si ce n'est par la blessure qu'on s'inflige librement ?

Dans le cas de Cybèle et d'Atys, les freudiens auront beau jeu de répertorier les fantasmes et complexes unissant le fils empêché et la mère castratrice. Mais, justement, la Bonne Déesse invite à élever notre vue au-dessus de la ceinture, à gouverner les pulsions élémentaires et éphémères et à les transformer en un désir impérissable. La chasteté qu'elle impose à son desservant Atys, tout en l'aimant passionnément, indique la voie qui mène du charnel au spirituel et du sentiment à l'adoration. Pourtant Atys est, comme tout homme, faible devant la tentation, ou plutôt il s'unit à une nymphe qui représente un degré inférieur et oublie la déesse. Sans doute est-il, comme tout profane, obligé de gravir un à un les degrés de l'amour jusqu'à l'union divine. Il va donc, comme le dit Giordano Bruno au sujet des prétendants de Pénélope, « s'entretenir avec les servantes quand il ne lui est pas permis de converser avec la maîtresse ». Mais la fin qui lui est assignée est plus haute. Et elle exige son sacrifice. C'est l'épreuve cruelle de la mort de Sangaride qui, le brisant, fera franchir à Atys les limites de la condition humaine.

Un détachement ardent

Le geste radical que commet Atys sur sa propre personne est, certes, un sacrifice de sa virilité, mais plus largement il désigne un renoncement au monde. Cette mutilation particulière et quasi insoutenable indique que le jeune homme exalté et malheureux cherche un plaisir d'une autre nature, une joie qui dure, une fécondité supérieure. Le geste d'Atys dépasse l'entendement, aussi la fable précise-t-elle qu'il eut lieu lors d'une transe, manifestation de la *mania* socratique. Il va consacrer le jeune Phrygien comme prêtre de Cybèle et comme son singulier amant.

La mort de Sangaride a plongé Atys dans une souffrance noire : son chagrin est à la mesure des sentiments qu'il portait à la jeune fille. Mais tel est le retournement que propose, à mon sens, la fin de l'histoire : *il faut avoir été fou de douleur pour pouvoir devenir fou d'amour.* Dans cette expérience de déchirement l'extase survient qui fait passer d'une souffrance insondable à un amour excessif, inouï, qui transgresse toute norme et toute forme. Et qui commande à Atys un geste irréparable, le coupant définitivement de la communauté charnelle.

Cybèle n'a pas demandé ce sacrifice. Elle avait lié Atys par le vœu de chasteté, requérant ainsi sa fidélité, lui rappelant de ne jamais se détourner de la voie qui conduit à une vie divine. En s'attachant à la nymphe, en pensant que son parcours s'achevait dans ses bras, le jeune homme a failli : seule la déesse peut lui procurer la vie immortelle. Sangaride représente une étape dans l'élévation de l'âme éprise de vie contemplative. Elle doit être dépassée, ce que rappelle durement Cybèle en la faisant périr.

Une lecture romantique se plairait à voir dans le geste définitif d'Atys l'affirmation qu'il ne connaîtra plus de femmes après Sangaride. Mais, selon une lecture spirituelle, on discerne que, dans cette transe, le Phrygien se tourne désormais vers un but supérieur et, immolant sa virilité, se consacre entièrement au culte de Cybèle. Il n'est pas en proie au désespoir, il se trouve enflammé d'un désir fou de rejoindre la déesse inaccessible et aimante. Un désir qui transcende tout appétit ordinaire et laisse le corps loin derrière lui.

L'adepte des Mystères du monde antique et le mystique ont ceci en commun : ils ne sont blessés que par l'autre monde, par le Divin. Les marques et entailles qui s'impriment en leur chair sont des images qui montrent de quelles plaies saigne l'âme dans son exil et dans son essor. Dans les mythes, dans les récits initiatiques, tout ce qui arrive au corps du héros advient d'autant plus à son être intérieur. C'est vers ce point, essentiel et caché, que doit se diriger le regard du lecteur et du myste.

Le supplice du joueur de flûte

Il est une beauté qui est à douleur. Il est une musique qui déchire les sens terrestres et anéantit l'humain. Le

Satyre Marsyas en fit l'expérience, lui qui osa avec sa flûte défier Apollon, le dieu solaire de la Poésie et des chants, l'inspirateur du délire oraculaire. Son histoire est contée par Ovide et par son contemporain et ami, Hygin, bibliothécaire d'Auguste, en ses *Fables*.

La flûte, selon Hygin, fut inventée par Athéna-Minerve et la déesse de la Sagesse vint en jouer au banquet des dieux. Mais on se moqua d'elle parce que, quand elle en jouait, son visage était déformé, ses joues enflées. Furieuse, Athéna se débarrassa de l'instrument de musique et jeta sur lui un anathème : quiconque désormais en jouerait serait voué à un affreux supplice. Or, l'un des Satyres, Marsyas, une de ces créatures hybrides dont le corps en sa moitié inférieure est celui d'un bouc, ramassa la flûte et s'y exerça longtemps, au point de faire entendre des airs mélodieux, presque célestes. Et l'idée folle lui vint de provoquer Apollon lui-même, avec sa cithare, en un combat musical. Les Muses, qui n'étaient jamais loin du dieu radieux, furent prises pour juges en ce concours.

Il faut bien admettre que l'art de Marsyas les toucha et que le Satyre dans un premier temps l'emporta. Alors Apollon fit habilement pivoter sa cithare et en joua merveilleusement, de ce côté-ci comme de l'autre. Marsyas essaya de l'imiter, mais quel son peut rendre une flûte qu'on tient de l'autre côté ? Il dut admettre sa défaite et le dieu fut cruel : il ordonna que le Satyre fût écorché vif. Ovide décrit la scène atroce : « Pendant qu'il criait, on lui arrachait la peau sur tous les membres ; son corps n'était plus qu'une plaie. Le sang ruisselle de tous les côtés ; ses muscles, mis à nu, sont visibles ; on voit ses veines où le sang bat, et qu'aucune peau ne recouvre, tressauter, on pourrait compter les palpitations de ses viscères et, dans sa poitrine, les fibres entre lesquelles passe le jour. »

Du spectacle horrible voici ce qu'il convient de retenir : à travers le corps supplicié de Marsyas « passe le jour ». La lumière du dieu a traversé, transpercé l'homme-animal qui, en s'exerçant patiemment à l'art de la flûte, avait transformé ses instincts grossiers en haut désir. Un désir qui l'avait conduit à provoquer Apollon, comme d'égal à égal.

Bien sûr, Marsyas reçoit d'Apollon un châtiment qui vise à ruiner toute présomption humaine : qui peut émettre des sons aussi purs que le dieu du Parnasse qui inventa la lyre ? Qui peut se vanter de rivaliser avec l'Harmonie cosmique ? Tout interprète terrestre est un pâle reflet du Maître des sons et, si le musicien a du génie, c'est à l'inspiration divine qu'il le doit. De même pour la Pythie de Delphes : elle profère les mots, mais c'est Apollon qui parle à travers elle.

Apollon donne à Marsyas une ultime leçon de musique en le livrant à l'écorchement. Tous les sens corporels sont autant de fenêtres qui demandent à s'ouvrir toujours plus. Le Satyre, homme à demi bouc qu'on montre le plus souvent enclin à la brutalité et aux appétits sexuels, s'est, en la personne de Marsyas, élevé au-dessus de sa nature grossière en apprenant l'art de la musique. Cette image trouve son équivalent, dans l'art roman, avec l'âne qui joue de la lyre. L'apologue retrace l'élévation de l'âme, de nature aérienne, musicale, qui se trouve cousue en un sac de peau épaisse et velue et qui, un jour, lors d'une confrontation radicale, d'un transport divin, rejoint sa vraie patrie de lumière et abandonne la dépouille qui un temps l'avait hébergée.

Il n'est pas d'ascension spirituelle sans risques ni périls. À un certain degré le point de non-retour est atteint. Il n'est pas possible à un musicien terrestre de tenir longtemps la note la plus haute, il finit par être brisé, son cœur éclate, ses veines explosent. Tout mortel, même le meilleur flûtiste, a forcément le souffle court. S'il doit s'incliner devant le dieu qui inspire la fureur divinatoire et le délire musical, il lui reste, à ce point du parcours, en ultime leçon, de devenir entièrement musique, de se livrer totalement à tous les souffles de la rose des vents. Pour cela, il ne peut rester dans un corps qui fait écran, qui se défend.

S'acheminer vers le Divin, c'est aller vers l'irrémédiable. L'homme ne peut prétendre rejoindre l'Absolu qu'après la brisure de son corps de chair, après la soumission totale de tous ses désirs et passions terrestres. Tel est le cri de reddition, qui deviendra clameur d'extase, que poussent Orphée de sa tête coupée, Atys tranchant son membre, Marsyas contraint à la dénudation sans fin, et Actéon mis en pièces par ses chiens. Ces héros n'ont plus l'usage de la parole : ils sont rendus au grand cri qui s'élève depuis la nuit des temps, supplication ou adoration montant de la race des hommes jusqu'aux dieux immortels. Ils sont ce cri déchirant et splendide, avant de rejoindre le silence qui est le nom du Dieu ineffable.

L'homme aux bois de cerf

« *Cara, suave, et honorata piaga...* »

« Blessure que je vénère, chère et douce blessure du plus beau trait qu'Amour choisit jamais ; haute, belle et précieuse ardeur qui inspires à l'âme le désir d'être toujours ardente, quelle force d'herbe ou vertu d'art magique t'effacera jamais du centre de mon cœur ? »

Ainsi parle Tansillo, porte-parole de Giordano Bruno, dans *Des fureurs héroïques* (première partie, dialogue I) qui se présentent comme un ensemble de dialogues d'inspiration platonicienne et plotinienne. Beauté, Amour, Sagesse et Poésie mènent leur ronde et, pour entrer dans leur cercle, le pèlerin passionné doit s'arracher à la pesanteur et accepter d'être la proie de ce qu'il cherche depuis toujours. Il s'identifiera au svelte Actéon, brillant chasseur qui, pour avoir aperçu Diane en son bain, fut transformé en cerf puis lacéré par sa propre meute.

Heureux l'homme blessé dans la forêt du monde. Heureux l'homme qui s'est cogné à ce monde changeant, trop étroit, et qui, cherchant issue, est déchiré pour avoir contemplé, un instant seulement, la Lumière divine qui seule est immuable.

Depuis l'aube, Actéon a mené ses chiens à travers bois, en compagnie d'autres chasseurs. Et leur butin s'avère abondant. Le jeune homme décide, à l'heure de midi, de suspendre la chasse. Tandis que ses compagnons ramassent leurs prises, il va « errant à pas incertains à travers la forêt inconnue et parvient à la partie sacrée ». Ovide ajoute : « C'est le destin qui le guidait. »

Un destin que, d'évidence, Actéon désirait. Et tout va se dérouler très vite. En une fulguration qui veut évoquer le ravissement mystique autant que l'éblouissement d'amour. Car il s'agit bien d'une rencontre, peu ordinaire, entre un mortel et une déesse. Une rencontre qu'obscurément Actéon attendait, mais dont il n'était pas maître.

C'est toujours la divinité qui choisit l'heure et le moment, même si l'homme continue de parler de hasard et de choses fortuites.

Dans le récit d'Ovide, l'accent est mis sur la simultanéité des gestes d'Actéon, qui abandonne la chasse et délaisse ses compagnons, et de Diane qui, elle aussi, décide de se reposer et, se dépouillant de son arc et de son javelot, se baigne dans une source. C'est le moment où le soleil est au zénith, où la chaleur est écrasante. Actéon semble conduit mystérieusement vers la source où, protégée par ses nymphes, la déesse hautaine, toujours vierge, rafraîchit son beau corps. Actéon voit la déesse nue et elle, comme pour se dérober, lui jette de l'eau au visage. Une eau claire qui ruisselle sur la chevelure du jeune homme et qu'il ressent lustrale, non point vengeresse. Puis Diane prononce ces paroles qui sonnent comme une exécration : « Et maintenant, libre à toi d'aller raconter, si tu le peux, que tu m'as vue sans voiles ! »

En un instant, Actéon est métamorphosé en un cerf privé de parole, mais non point de conscience, qui se met à fuir. Pourtant, en ce monde, il n'a plus d'endroit où aller : il ne peut ni retourner dans la maison paternelle, sous cette vêture animale, ni demeurer dans la forêt qui lui est inconnue. Il n'est plus un humain et il n'est pas encore un dieu : il porte la couronne du noble animal qui, tout en désignant son élection, va causer sa perte.

Les chiens, en grand nombre, ne tardent pas à entendre le bruit de ses pas puis à remarquer la présence du cerf. Et ils se mettent à le poursuivre puis à le mordre, affreusement. Les autres chasseurs sont alertés par les cris de la meute et laissent faire le carnage. Actéon, impuissant, réduit au silence sous sa peau de cerf, est lacéré par les crocs de ses chiens jusqu'à ce que mort s'ensuive. Le soleil n'est pas encore couché, le drame qu'il faut bien dire sacré s'est déroulé en un éclair.

Le chasseur Actéon, qui croyait mener sa vie, diriger ses pensées et ses activités, se retrouve, après la rencontre avec Diane, proie de ses chiens, victime offerte en spectacle à ses compagnons ignorants. Dans ce retournement radical, qui fait suite à l'échange fulgurant des regards entre Actéon et Diane, on peut voir que l'enveloppe corporelle est fendue, dispersée, pour permettre à l'âme de s'envoler. La vision de Diane, qui est Sagesse ou Vérité, déchire l'opacité dans laquelle errent les hommes, prisonniers du monde sensible. L'homme heureux, le Furieux qui, en un éclair, a embrassé cette vision a eu accès à la Réalité unique, ne fait désormais plus partie des mortels et n'a plus sur terre de lieu où respirer. Son corps ne sert plus à rien, il est tout juste bon à donner aux chiens. Son esprit immortel s'est évadé et ne peut plus revenir en arrière. C'est le propre de l'extase mystique : une semblance de mort qui est délivrance.

Bienheureuse Passion

On ne passe pas de l'obscurité à la grande lumière sans être terrassé. Toute élévation de l'âme conduit à un vertige puis à une perte totale. La plus haute contemplation équivaut à un anéantissement de la personne entière : tout, chez Actéon, est mis en pièces, sa belle apparence, son langage, sa volonté et sa raison. Il meurt à lui-même, sous les crocs de ses chiens qui ne le reconnaissent pas et sous les yeux de ses compagnons qui ne peuvent l'identifier sous la peau du cerf. Il meurt au vu de tous et pourtant sa véritable mort passe inaperçue : elle est secrète et intérieure, mais n'en est pas moins violente. L'illumination est une ultime dénudation.

La Sagesse ne s'offre pas aux peureux ni aux modérés. Seul le Furieux, pèlerin passionné, peut se faire remarquer d'elle. Seuls les fous d'amour rencontrent un jour l'Amour. Cette voie ardente, héroïque, n'est pas exempte de ronces ni de blessures, elle longe des précipices et offre peu de refuges. Le véritable philosophe, qu'il se nomme Socrate ou Giordano Bruno, est un *amant* de la Sagesse, non un froid chercheur, ni un prudent analyste, ni un beau parleur. Il est un amant passionné de la Beauté, de l'Amour, de la Sagesse, de la Poésie, il est prêt à tout instant à laisser sa vie pour entrer en leur ronde glorieuse, et il brave toutes les épreuves sans jamais renoncer à sa quête.

Seul un adorateur du Divin a une chance de mener, au-delà du monde sensible, la vie des dieux. Mais l'adoration extatique qui est le propre du philosophe, du mystique, les fait chasser à tout jamais de la communauté des hommes : Socrate fut condamné à mort, Giordano Bruno au bûcher. Et je ne déroulerai pas la liste des béguines, des cathares, des soufis, qui furent emprisonnés, torturés, crucifiés ou brûlés vifs… La passion a toujours fait peur aux hommes pusillanimes parce qu'elle n'a d'autre issue que la Passion. La gloire du héros, du saint, est d'aller librement vers cette Passion.

C'est pourquoi, tout en distinguant quatre sortes de fureur, Socrate sait bien que l'Amour est toujours à l'œuvre. C'est l'Amour qui vient à bout de tout, qui ruine nos patientes entreprises, nos volontés débiles, et qui triomphe de tous les obstacles et de la mort inacceptable. L'Amour anéantit les chants d'Orphée et lui arrache un seul cri dédié à Eurydice, il inspire à Atys un geste incompréhensible qui le fait outrepasser toute étreinte amoureuse, il fait de Marsyas un être pantelant, un écorché vif qui n'a plus aucune protection, et il réduit en miettes Actéon qui ne peut survivre à l'illumination. Chacun de ces héros se retrouve dévoré d'Amour, c'est-à-dire débordé d'Amour.

Frappé par la Lumière divine que reflète Diane se baignant à la source, Actéon meurt à son corps de chair et, sous la forme d'un cerf bientôt harcelé, disparaît de la scène terrestre.

Heureux l'homme dont l'esprit couronné s'est envolé loin de la forêt obscure.

Le brisement du cœur

Ainsi, ces quatre personnages – Orphée, Atys, Marsyas, Actéon – ne sont pas seulement atteints de profondes blessures mais meurent, déchiquetés. L'arrachement ou la dispersion de leurs membres donne à entendre que leur individualité a volé en éclats. Telle est l'expérience mystique de l'extase et de la vision.

Pour ces héros, il n'est plus question de revenir ici-bas, de renaître au printemps comme d'autres mythes (Baldr, Adonis...) le suggèrent. Leur désir est de s'arracher à la pesanteur, à la prison matérielle, de quitter définitivement la caverne du monde, cette « aire minuscule qui nous rend si féroces », comme l'énonce Dante (*Paradis*, chant XXII,

v. 151). Éprise du Divin, l'âme dans sa contemplation amoureuse n'a d'autre souhait que de rejoindre l'Unique qui demeure caché et inconnaissable. Le retour dans le corps n'est plus possible puisque celui-ci a été saccagé, dévasté. Il n'est plus que l'envol, même si ce vol ne peut atteindre une cible inaccessible et se perd dans les nues.

Ces quatre mythes parlent donc de délivrance et non de renaissance. Aussi ont-ils tous une résonance mystique qui n'a pas échappé aux platoniciens et qui se poursuivra en divers courants spirituels.

Avant d'évoquer quelques figures mystiques de diverses religions, il est bon de rappeler que les théologiens parlent de la nécessité de la contrition et de la componction sur la voie spirituelle. Or ces deux termes, passablement oubliés ou affadis de nos jours, évoquent véritablement une brisure et un percement du cœur. L'homme de Dieu se sent broyé, réduit en miettes, devant son insuffisance et son péché ainsi que face à l'immensité de l'Amour divin. Ainsi, dans la *Lettre à ses fils*, saint Macaire le Grand, qui vécut en Égypte au IVe siècle, énonce : « Le frère sait maintenant vraiment comment rendre gloire à Dieu en toute humilité et brisement de cœur, comme le dit David, "le sacrifice pour Dieu est un esprit brisé". Car c'est de ce dur combat que proviennent l'humilité, le brisement du cœur, la bonté et la douceur. »

Saint Macaire fait allusion au Psaume 50 de David qui, dans le psaume suivant, montre le passage du sacrifice sanglant au sacrifice du cœur : ce qui plaît au Seigneur, ce ne sont pas les victimes animales mais l'offrande de soi et celle-ci ne va pas sans un arrachement :

« Tu ne prendrais aucun plaisir au sacrifice ; si j'offre un holocauste, tu n'en veux pas.
Mon sacrifice, c'est un esprit brisé ; d'un cœur brisé, broyé, tu n'as point de mépris. »

Sainte Thérèse d'Avila raconte qu'un jour, en voyant dans un oratoire une statue de Jésus couvert de plaies – c'était en 1555 –, elle fut profondément bouleversée. Elle écrit : « À l'aspect de ces plaies reçues pour moi et de l'ingratitude dont j'avais payé tant d'amour, je fus saisie d'une si pénétrante douleur qu'il me semblait sentir mon cœur se fendre... »

Chez les soufis, la même image revient et le même geste symbolique : lors de l'extase, le *tamziq* ou déchirement du vêtement évoque le désir ardent de sortir de son moi et, par cette ouverture, de s'unir à l'Unique. Ainsi, au Xᵉ siècle, Chiblî, poète mystique de Bagdad, s'exalte :

« J'ai déchiré pour Toi le col de ma chemise, ma chemise n'a pas de droit sur Toi.
C'est mon cœur que je voulais déchirer : mais le vêtement l'a protégé.
Le déchirement aurait été plus juste, si mon cœur avait été à la place du vêtement. »

Et Rûmî, au XIIIᵉ siècle, ne cesse, tout au long de ses *Odes mystiques*, de rappeler la nécessaire déchirure qui n'est pas seulement visible (mise en pièces du froc du soufi) mais intérieure et irréversible. Si, écrit-il, on reconnaît en particulier le soufi à « sa tunique qui porte cent déchirures », cela n'est pas un simple signe extérieur mais suggère l'anéantissement de l'âme individuelle. Par toutes les ouvertures faites en la tunique d'étoffe et de peau, le cœur s'envole :

« Le cœur s'enfuit de tous côtés loin du monde des couleurs et des parfums,
En criant : Où donc est la Source ? et en déchirant ses vêtements par amour. »

Dans le même sens peut se percevoir la mort (en 907, à Bagdad) du mystique Aboû'l Hasan al-Noûrî qui, dans un état extatique, entend un vers chantant l'égarement d'amour. Il se lève aussitôt et court, tel un éperdu, puis voit une touffe de roseaux fraîchement coupés. Il se met à danser sur les bouts tranchants des roseaux en psalmodiant le vers jusqu'à l'aube. Ses pieds saignent et ses jambes sont lacérées... On dit que le fou d'amour mourut quelques jours plus tard.

Du côté de la mystique juive, j'évoquerai la figure émouvante de Rabbi Nahman de Braslav (1722-1811), fervent maître hassidique. Pour lui, la prière la plus importante, qui devait être quotidienne et solitaire, était la conversation avec Dieu ou *hitbodedout*. Dans cette rencontre, le fidèle épanchait avec confiance et intensité ses désirs et ses sentiments, il pouvait élever des supplications ou se contenter de crier vers Dieu, mais ce qui importait était le déchirement du cœur. Autrement dit, user le cœur de pierre, dissoudre tout obstacle pour laisser l'accès à l'amour de Dieu.

La flèche d'or

Il y a quelque chose de tout à fait exact dans le graffiti que les amoureux inscrivent sur l'écorce d'un arbre ou tracent sur un mur et qui représente un cœur traversé d'une flèche. Les mystiques chrétiens ne parlent pas autrement de leur rencontre avec la Divinité. Gertrude d'Helfta relate que, lors d'une vision, le Seigneur décoche sur elle une flèche d'or en lui disant : « Je vais te blesser de telle sorte que tu ne guériras jamais. » Cette flèche semble munie de trois pointes qui, toutes, lui transpercent l'âme. La moniale, qui vécut au XIIIe siècle, a d'ailleurs beaucoup fait pour propager la vénération des blessures du Crucifié, précédant ainsi le culte du Sacré-Cœur qu'instaurera, à la suite de visions, une autre mystique, sœur Marguerite-Marie Alacoque (1647-1690).

La plupart des poèmes de Jean de la Croix (1542-1591) sont traversés par d'étincelantes blessures qui sont autant d'appels jetés dans la nuit, autant de marques d'amour. Ainsi de la première strophe du *Cantique spirituel* que le jeune carme composa en 1578 dans son cachot de Tolède et qui s'inspire du Cantique des cantiques :

« Mais où t'es-tu caché
me laissant gémissante mon ami
après m'avoir blessée
tel le cerf tu as fui
j'ai couru criant tu étais parti. »

Un autre poème célèbre, écrit à Grenade en 1585, *Vive flamme d'amour*, s'ouvre également par une blessure délectable qui brûle et illumine :

« Ô flamme d'amour vive
qui tendrement me blesses
au centre le plus profond de mon âme
[...]
Ô brûlure de miel
ô délicieuse plaie
ô douce main ô délicat toucher
qui as goût d'éternel... »

Une telle plaie s'avère à la fois infiniment désirable et inguérissable : elle vient de Dieu et elle mène à Dieu.

Si violente soit la blessure causée par la flèche de l'Amour divin, elle recèle cependant un baume exquis. Dans ses poèmes la béguine Hadewijch d'Anvers évoque souvent les paradoxes de l'Amour qui se révèle la joie la plus haute et la déchirure la plus grande :

« Ce que l'Amour a de plus doux, ce sont ses violences ;
son abîme insondable est sa forme la plus belle ;
se perdre en lui, c'est atteindre le but [...]
sa blessure la plus grave est un baume souverain. »

Pour cette mystique du défi, pour cette âme fière que fut Hadewijch, la blessure est une faveur, une initiation, il ne faut pas s'en plaindre puisqu'elle est moins souffrance que révélation :

« Ceux que l'Amour blesse et brûle,
Leur révélant les mystères de l'inconnaissance,
Par un zèle ardent gardent la plaie ouverte
Et l'Amour les consume en leurs tréfonds. »

La blessure s'avère délectable parce qu'elle rejoint les plaies du Crucifié. La mystique toscane Angèle de Foligno (1248-1309) témoigne dans son *Livre des visions et instructions* qu'elle aussi eut l'âme « blessée du souverain Amour ». Lors d'une contemplation elle raconte : « Il me sembla que mon âme entrait dans la plaie du Christ, la plaie du côté. Et dans cette plaie, au lieu de la douleur, je buvais une joie dont il m'est impossible de dire un seul mot. »

Cette joie inattendue, surgie du cœur de la souffrance, Jeanne Guyon (1648-1717) la ressentit aussi et cela lui permit de supporter les persécutions et l'emprisonnement auxquels la vouèrent quelques prélats de l'Église officielle, dont l'impérieux Bossuet. Elle écrit : « Je sens bien dans le fond de mon cœur une blessure profonde, mais si délicieuse que je me repose dans ma peine, et je fais mon plaisir de ma douleur. »

À feu et à sang

Mais, diront certains, qu'ont les femmes à chanter la blessure et le sang ? Qu'ont les femmes mystiques à trouver joie et repos dans les plaies du Christ ? Qu'ont-elles toutes à s'enchanter d'un feu sans fin, à se déchirer sans retour ?

Il est une prodigalité du cœur qui surpasse tout don, qui excède l'humaine possibilité de s'offrir et se résout par la brisure extrême et le sang versé jusqu'à la dernière goutte. Il est une folie d'amour qui renverse tout obstacle et d'abord en soi, qui met en pièces le corps, la raison, la vie ; une extase d'amour qui dilapide et disperse l'être, le faisant éclater en mille morceaux d'étoiles. Pure perte et pur amour coïncident. Dans le sang vermeil, par l'éclatante blessure.

Le 15 mai 1897, de Munich, Rainer-Maria Rilke envoie à Lou Andréas-Salomé une lettre et un poème portant sur les « nonnes du Moyen Âge » qu'il qualifie d'« étrangères qui fraient la voie au Nouveau ». Il écrit :

> « Ces étrangères portent, inconscientes,
> sur leur corps les stigmates de Jésus :
> pieds blessés par la route, mains lassées,
> et ce sauvage saignement de la poitrine... »

Il n'y a pas d'explication aux blessures mystiques, aux larmes de sang, aux stigmates, mais il y a un sens. L'ardent désir de Dieu est un aiguillon qui fend le cœur du mystique et, lorsque l'union advient, elle se fait par la blessure. Au XIIIe siècle, la béguine allemande Mechthild de Magdebourg en parle finement :

> « Plus ses blessures se creusent,
> plus l'âme s'élance
> [...] Plus elle brûle, mieux elle rayonne. »

Et l'Amour s'adresse à l'âme en ces termes : « T'avoir pourchassée était ma joie ; t'avoir capturée était mon désir ; t'avoir liée me réjouissait ; où je te blessais tu t'unissais à moi. [...] Comment peux-tu t'imaginer guérir de moi ? »

Toute passion pour le Christ devient Passion christique. Voilà ce dont témoignent, dans leur corps même, les mystiques chrétiennes, en particulier la flamboyante Catherine de Sienne, tout auréolée de sang, qui reçut les stigmates et mourut à l'âge de trente-trois ans. Aimer le Christ, c'est devenir Lui. Aussi Catherine de Sienne signe-t-elle ses lettres : « *Jesù Amore.* »

Les stigmates sont une douleur et une élection et le saint n'en veut pas être délivré, depuis saint François d'Assise jusqu'au Padre Pio. Ils sont le signe d'une rencontre solennelle, le point d'identification entre le mystique enamouré et le Bien-Aimé.

Même si la souffrance est violente, il ne s'agit pas là de dolorisme. Contrairement au dolorisme qui s'exalte en cercle clos, la blessure est un appel infini en même temps qu'un abandon de soi, elle révèle au cœur de l'être une soif inextinguible. Il n'est pas de mystique qui ne soit écorché vif, qui ne soit déchiré par l'Amour. Par ses plaies vives qui sont autant de portes et de passages, le mystique devient le Serviteur accablé de coups et d'offenses, l'Agneau sacrifié, l'hostie de compassion. Et on retrouve ici Actéon qui, sous la peau d'un cerf et avec toute sa conscience, subit en silence sa Passion et s'offre à la meute déchaînée, ignorante.

Si l'amour fou pour le Christ conduit à vivre la Passion christique, dans leur désir éperdu de l'Unique les soufis connaissent aussi les plaies irrémédiables et les larmes de sang. Dans sa recherche de Dieu le cœur éclate et saigne, mais c'est une grâce car il devient illimité. Plus son amour augmente, plus sa nostalgie s'accroît de rejoindre le Bien-Aimé. Hâfiz, poète de Shîrâz, en laisse au XIVe siècle la confidence : « J'ai tant aimé, j'ai tant pleuré ! Devant mes larmes, les passants s'étonnaient, ne comprenaient pas, je pleurais mon cœur et mon sang. »

Le mystique devient le chant de la blessure, à la façon

dont la flûte de roseau, ou *ney*, par sa plainte lancinante appelle à rejoindre la Source. La flûte est un roseau coupé et l'âme du spirituel se sent orpheline du Ciel. Arrachée au Ciel, l'âme enamourée désire se détacher de la terre d'exil pour rejoindre l'Unique : cela fait beaucoup de blessures et un lac de sang... Un des *Quatrains* de Rûmî évoque cette rencontre ineffable :

« Une beauté si belle qu'aucune épithète ne lui convient
Entra dans la maison, demandant : "Comment est ton cœur ?"
Sa robe traînait sur le sol, et mon cœur lui a dit :
"Relève la traîne de ta robe, la maison est remplie de sang." »

Il est un souhait ardent, clamé par divers mystiques, qui est incompréhensible aux bons vivants et semble insupportable aux terriens. Thérèse d'Avila l'exprime par « Je meurs de ne pas mourir ». Et ce n'est pas, évidemment, une envie de suicide. À ce point extrême conduit la blessure qui ne se referme pas, blessure ressentie comme mortelle non parce qu'elle mène au trépas ordinaire, mais à la sortie du corps, à la délivrance. Plus va la plaie s'élargissant, plus le cœur se déchire, et moins les attaches qui retenaient l'âme ici-bas l'empêchent de s'envoler. Il fallait taillader le cuir opaque pour que le souffle regagne librement le Souffle et que l'âme radieuse rejoigne la Lumière divine.

Mais pour ceux qui bâtissent et s'installent ici-bas, qui ne se sentent nullement des oiseaux de passage, le cri d'une Thérèse d'Avila, repris par Jean de la Croix, « Je meurs de ne pas mourir », la clameur d'une Hadewijch, « Malheur à moi d'être une créature », doivent être étouffés et à jamais ensevelis parce qu'ils rappellent la destination de l'âme, parce qu'ils réveillent non pas d'anciennes blessures, mais l'unique blessure ; et l'unique blessure ne trouve son apaisement que par-delà l'existence, dans l'immensité de l'Amour.

VI.

Amour vermeil

« Je salue celui que j'aime avec le sang de mon cœur. »

HADEWIJCH D'ANVERS

Il y a l'amour d'avant la blessure, et l'amour d'après la blessure ou, plus précisément, l'amour qui vient avec la blessure.

L'amour d'avant est doux et rassurant. La plupart des mortels s'en contentent, ils y trouvent chaleur et protection, ils se sentent heureux. Mais l'autre amour arrache et dépouille, il coupe de la communauté humaine, des sentiments ordinaires, il illumine et anéantit l'homme qui s'y est risqué. C'est un amour de fougue et de fièvre, de désespoir et de jubilation, qui se découvre sans repos, sans prise, toujours à venir. Il éclôt dans un cœur déchiré et rayonne par toutes les plaies de l'être. Car il n'est pas de résurrection sans passion préalable, ni de transfiguration sans mise à mort des formes et images terrestres.

En ce point d'incandescence se rejoignent l'amour sublime des parfaits amants et la passion mystique pour Dieu : c'est le même amour fou, les deux bords vertigineux d'une unique blessure.

L'ouverture du jardin

« Je suis blessée d'amour », dit la Belle du Cantique des cantiques que Maître Eckhart appelle le « Livre de l'Amour ». Elle cherche dans la nuit et appelle celui que son cœur aime. Dans le second poème, le Bien-Aimé arrive en bondissant et se tient derrière le mur : « Il guette par la fenêtre, il épie par le treillis. » Lorsque, dans le quatrième poème, il frappe à la porte, la jeune femme est émue jusqu'aux entrailles, elle l'avait invité à entrer dans son jardin et à en savourer les fruits délicieux... Tout le Cantique évoque les percées et les ouvertures faites par l'insaisissable Amour. Comme si de ses traits lumineux il entaillait la nuit autant que le cœur de la Bien-Aimée. Et ces brèches sont des blessures délectables pour elle et pour lui.

Bien sûr, tous les moines et théologiens qui ont commenté le chant immortel n'en ont retenu que le sens symbolique et spirituel, se gardant de toute évocation charnelle. Saint Bernard, par exemple, dit que l'homme pécheur dresse un mur de refus tandis que les fenêtres et les lucarnes permettent à l'Époux d'avoir accès à l'âme du fidèle. Mais une véritable lecture sacrée embrasse le corps, l'âme et l'esprit et voit dans cette célébration de l'Amour une érotique et une mystique tout ensemble. « Viens en moi, pénètre-moi », murmure l'âme tout abandonnée à la Lumière divine, comme chante l'amante à son bien-aimé. Et c'est le même amour, inguérissable et fou. Un même désir sans fin. Un bruissement d'ailes et de flammes dans la nuit des humains.

Être blessé d'amour, ce n'est pas seulement être atteint irréversiblement par sa flèche, ni être enflammé d'un désir inlassable ; c'est se sentir dénudé, infiniment creusé, mains vides, cœur envolé, c'est savoir qu'aucune étreinte amoureuse n'épuisera ni ne retiendra l'Amour, qu'aucune parole ne pourra le nommer, aucun chant le célébrer. Mais être blessé d'amour est, par là même, être vivant d'amour. En prodiguant caresses, parfums et mots suaves, en faisant monter des louanges vers le ciel et descendre sur le jardin terrestre la rosée des bénédictions.

L'Amour n'est pas ici-bas à demeure et ses visitations sont furtives. Cette partance est une liberté en même temps qu'une déchirure. L'union des amants est une fulguration et non une durée, mais une fulguration qui rayonne sur tout le temps qui suit. Dans cet éclair, qui est brèche dans l'opacité, il nous faut vivre et tenir.

Georges Bataille, une fois encore, trouve les mots adéquats : « Peut-être le sens de l'amour divin est-il de nous donner le pressentiment de l'*immensité* contenue dans l'amour d'un être mortel. L'amour humain est même plus grand, s'il est en lui de ne pas nous donner d'assurance allant plus loin que l'instant même, et de nous appeler toujours à l'irréparable déchirement. »

Une folie inguérissable

La légende de Majnûn et Leïla, qui naquit au VIIe siècle en Arabie et inspira autant les mystiques que les amoureux, développe le thème d'une folie souveraine qui s'avère grâce et tourment. Épris de sa cousine Leïla mais, en raison de leurs tribus ennemies, empêché de l'approcher, le jeune Qays sent monter en lui une fièvre qui l'accable et lui fait composer des poèmes. Son père veut le guérir de cette étrange maladie en l'emmenant en pèlerinage à La Mecque. En ce lieu saint, le jeune homme comprend que l'éternelle blessure est la seule voie offerte aux éperdus d'amour et il demande à Dieu de ne jamais guérir. Désormais, on le surnomme Majnûn, le Fou. Il quitte les tentes de sa tribu, la compagnie des hommes, pour aller au désert avec les animaux sauvages sans cesser de chanter, jusqu'à la mort, sa passion irréalisable.

Attâr, le mystique persan du XIIe siècle, prend souvent Majnûn comme modèle du Fidèle d'Amour. Dans *Le Livre de l'épreuve*, après avoir rappelé l'épisode où Qays prie Dieu de ne jamais être consolé, il s'adresse en ces termes au pèlerin de la Voie ardente : « Quand ta douleur, d'amour pour Lui, sera accrue, que tout ce que tu possèdes ne sera plus qu'une plaie, quand le monde entier sera couleur de sang – de tout ce sang surgira un cœur. Ce cœur alors sera constamment dans la Présence et sa joie sera éternelle ! »

Dans *Le Livre divin*, Attâr rapporte et commente un autre épisode où les deux jeunes gens se rencontrent. Leïla demande à Majnûn ce qu'il a à lui offrir, et il répond que son lot ici-bas est l'« absolue pauvreté », qu'il n'a plus rien, si ce n'est sa vie à donner. Mais Leïla insiste et Majnûn lui tend le seul objet en sa possession, une aiguille. En offrant ce maigre cadeau, il dit :

« Souvent te cherchant, bien-aimée, comme celui qui
cherche la rose, j'ai eu le pied déchiré par l'épine.
Alors, tombé à terre, je me suis servi de cette aiguille
pour retirer l'épine de mon pied. »

L'aiguille est précisément ce que voulait Leïla – manifestation de la face cachée, insondable, de Dieu – et elle déclare en son amour impérieux :

« L'épine a la vertu de servir de guide sur le chemin de l'union.
Il ne faut pas l'extraire avec une aiguille, car le propre de l'amoureux est d'accueillir la douleur.
Si une épine te perce le pied et que j'en sois la cause, considère-la comme une rose qui embellit ta robe.
Serais-tu donc moins que le rosier, qui souffre un an l'épine dans l'espoir de la rose ? »

Brûler toujours

La grande tentation qui se présente à l'amoureux blessé est d'oublier, de refermer sa plaie. De nos jours, on parlera de « faire son deuil » – conseil irrecevable pour un Fou d'Amour. D'une certaine façon, le chagrin d'amour a pour effet d'expulser l'amour en le situant dans le passé. Or, pour un Majnûn, l'Amour ne peut jamais être dépassé ni révolu : il est au contraire un appel infini, un Absolu dont on s'approche par la blessure et le dépouillement. Pour le pèlerin passionné, il n'est possible ni de renoncer à l'amour ni de le vivre sur terre. Il lui reste de sentir sans cesse ce déchirement où le suprême Désirable se révèle Insaisissable, où aimer est une dépossession, une perte splendide. Il lui faut avancer sur ces braises, tenir dans cette flamme.

J'ai trouvé à la passion de Majnûn un écho inattendu dans un poème d'Antonio Machado :

« Mon chant recommence à pleurer :
Épine pointue et dorée,
ah ! si je pouvais te sentir
dedans mon cœur clouée ! »

En arrachant l'épine du cœur, l'amoureux fervent perd le Fol Amour. En la gardant profondément fichée, il meurt de ne pouvoir le rencontrer. Il n'est pas de rose sans épines ni d'amour sans blessure. Mais il y a des ronces qui ne portent pas de fleurs, et des souffrances qui n'éclairent pas.

La foule qualifiera rapidement d'amour malheureux ce qu'éprouve Majnûn pour Leïla, ce qui empêche Roméo et Juliette de vivre ensemble, ou ce qui fait brûler Don Quichotte d'une flamme qui ne trouve pas d'écho chez Dulcinée. Comme si le contraire d'un « amour heureux » – entendons : un lien terrestre, un sentiment réciproque et durable – était un amour malheureux. Or, ce qui surmonte à la fois l'amour heureux et l'amour contrarié, c'est la *passion d'adoration*, une folie d'amour sublime dont témoignent Majnûn, Roméo, Don Quichotte. Ces héros chevaleresques et mystiques ne sont plus confinés dans le sentiment ni dans la relation humaine, ils n'attendent pas d'être aimés en retour, ils n'ont souci ni de bâtir un couple ni d'avoir des enfants. L'Amour qui les a brûlés et blessés les a, du même coup d'aile, esseulés : ils se retrouvent errants, coupés de la communauté, à jamais éloignés de la terre des leurres et des mensonges.

Ce n'est pas parce qu'un amour se révèle impossible qu'il est malheureux. Ce n'est pas parce qu'il ne peut s'accomplir charnellement ou parce qu'il n'est pas payé de retour qu'il est privé de réalité et dépourvu de valeur. Mais qui peut comprendre cela ? Qui ose vivre cela ? Seul le Fou d'Amour le sait, qui vit cette passion irrémédiable et solitaire dans son cœur à jamais embrasé.

Il est un Amour qui transcende toute idée de bonheur et de malheur, qui fait saigner les yeux d'une splendeur entrevue et ne distingue pas la rose des épines. Ce que désire ardemment le Fidèle d'Amour s'avère irréalisable, mais lui ne se sent vivant que dans cet impossible qu'il a l'honneur de servir. Le seul amour qui ne finit pas est l'Amour absolu, et le pèlerin passionné tente durant toute son existence, à travers chants et meurtrissures, de s'en approcher, de s'en rendre digne. *Aimer absolument*, telle est la bannière que ces héros incompris et rejetés – un Majnûn, un hidalgo de la Manche – font flotter loin au-dessus des histoires sentimentales, des passions destructrices, des arrangements conjugaux.

Un tourment délicieux

Les plus grands poètes de l'humanité sont ceux qui ont été incendiés d'amour, ceux qui, en éprouvant une passion irrémédiable, se sont hissés jusqu'au ciel impérissable de l'Amour absolu. Parmi eux, les troubadours des pays d'Oc ont fait entendre, dès la fin du XIe siècle, un chant qui garde la fraîcheur et la fougue de tout départ. Un commencement qui n'en finit pas. Or cet amour – *Fin'Amor*, « parfaite amour » – qui se déploie dans un climat de joie et de printemps est inséparable de la blessure qui en donne l'intensité.

« Je l'aime tant que j'ai douleur », avoue Bernard de Ventadour dans un de ses splendides poèmes. Le grand troubadour du XIIe siècle continue ainsi :

« Cet amour me blesse noblement
au cœur de sa douce saveur
cent fois le jour je meurs de douleur
et je revis de joie encore cent
mon mal est d'un si beau visage
qu'il vaut mieux mon mal qu'autre bien
et puisque mon mal m'est si bon
bon est le bien après le mal. »

À la même époque, un autre troubadour, Aimeric de Péguilhan, se voue avec panache à la folie d'amour. Il écrit :

« Je préfère me perdre et me blesser avec vous, dame, qu'une autre conquérir – car je pense faire d'un tel mal mon bien et être sage d'une telle folie, selon la loi du pur fou amoureux [...]
et moi le fou j'ai joie de ma douleur et de ma mort à voir votre visage. »

Il n'est évidemment pas possible d'étudier toute la lyrique des troubadours sous l'angle de la blessure d'amour, mais je citerai encore une *tenson* dans laquelle s'affrontent au début du XIIIe siècle une *trobairitz* de Toulouse, Na Lombarda, et son ami Bernart Arnaut, frère du comte d'Armagnac. C'est la dame qui mène le jeu, puis chaque amant à son tour revendique la plus grande blessure d'amour. La noble dame commence ainsi :

« Ami, par vous me voici
en grand souci et lourde peine ;
et du mal que j'endure ainsi
vous me semblez ne souffrir guère.
À quoi sert que vous m'aimiez
si c'est pour m'infliger, à moi, tout le chagrin ?
Pourquoi ne le partager point ? »

Bernart Arnaut répond :

« Dame, l'amour est ainsi fait
qu'enchaînant ensemble deux êtres,
quelque douleur ou joie qu'ils aient
chacun à sa façon l'éprouve.
J'estime, sans exagérer,
que la douleur de la blessure
m'est à moi toute réservée... »

Mais aussitôt Na Lombarda réplique :

« Ami, si vous aviez le quart
de la douleur qui me malmène
vous comprendriez mon tourment.
Mais vous ne vous inquiétez guère
d'un mal dont ne puis me distraire.
Il vous est tout à fait égal
que je me sente bien ou mal... »

Toute la *tenson* continue ainsi, sans que l'un ni l'autre l'emporte, mais par l'affirmation de part et d'autre d'une loyauté indéfectible. Il ne s'agit pas, selon le code courtois, de départager les deux amants ni de dire qui est le meilleur – celui qui aime le plus, celui qui a le plus vif tourment –, il convient que chacun persévère avec ardeur sur la voie haute de la *Fin'Amor*.

Un chant sans déclin

Qui aime éperdument est « blessé noblement », pour reprendre la belle expression de Bernard de Ventadour. C'est un tourment délicieux, une brisure intérieure qui, s'exhalant par le poème, s'enchante. Les « fins » amants savent que cette blessure ne les quittera jamais. Ils peuvent tenter de la colmater mais, en fermant la plaie du cœur, ils ensevelissent aussi la source de leur chant.

Dans les fragments de poèmes que j'ai cités et qui sont représentatifs de la lyrique des troubadours, le badinage pas plus que le dolorisme n'ont cours. Ces deux expressions du sentiment amoureux, léger ou bien funeste, relèvent précisément du domaine sentimental qui s'avère fugace, trouble et mouvant. La *Fin'Amor* n'a rien de sentimental ni de passionnel, elle ne joue pas avec les mots ni avec les émotions, mais s'engage avec gravité, elle élève son grand chant courtois vers l'Esprit d'Amour qui ne passe pas et offre sa lumière aux cœurs épris d'absolu. Or, si l'Esprit d'Amour ne procure aucune souffrance, aucune gratification non plus, en l'être il provoque une blessure qui est faveur immense et invitation à se parfaire toujours plus.

Sans nul doute il est devenu à nos contemporains impossible d'éprouver et même d'imaginer une si pure ardeur, une délicatesse qui n'a rien d'un marivaudage, un tourment délicieux qui n'est en rien goût de souffrir. Si la *Fin'Amor* paraît aujourd'hui lointaine, ce n'est pas parce qu'elle a éclos à la fin du XIe siècle, mais parce que la plupart des humains s'en sont rendus incapables, parce que leur cœur frileux s'est rapetissé – et les mots se sont affadis en même temps que les émois et les élans.

Nul ne connaît un grand amour sans être profondément bouleversé, nul n'accède à la ferveur magnifique d'aimer sans être brûlé. Plus profond est l'amour, plus large est la blessure. Mais comme il est subtil, de nature spirituelle, sa plaie est invisible.

Dans un poème daté de 1951, le poète turc Nâzim Hikmet trouve une image forte qui exprime la déchirure éclatante à laquelle l'amour voue les nobles amants :

« L'homme dit à la femme :
  – Je t'aime,
  et comment,
    comme si je serrais dans mes paumes
    mon cœur, comme un objet de verre
      faisant saigner mes doigts
        le brisant,
        à la folie... »

La femme répond avec une non moins véhémente ardeur. Puis s'enlaçant ils se quittent, chacun allant son chemin. Le poème s'intitule *Histoire d'une séparation*, mais celle-ci n'est pas un adieu. Car l'Amour révèle aux cœurs éperdus que *la séparation est une autre forme d'union.*

L'amant courtois sait qu'en amour il ne sait rien, que

l'Absolu lui échappera toujours, comme le visage mystérieux de la bien-aimée. Mais sa blessure profonde lui confère la puissance de chanter : elle est, autant que source, trace du seuil franchi qui sépare les mortels des vivants ; autant dire suture entre ce monde et l'invisible. Elle devient, cette folle blessure, le fin passage par lequel la Lumière de l'Amour peut visiter la Terre, la brèche infiniment précieuse par laquelle – pour reprendre la formule inégalée de Rûzbehân de Shîrâz – « Dieu regarde encore le monde ».

La rose et le couteau

Il est une image gracieuse que les artistes ont souvent représentée depuis le Moyen Âge, celle de l'offrande du cœur. Or ce geste joli recouvre une expérience violente : il est impossible d'offrir son cœur sans l'arracher de sa poitrine. Il est impossible d'aimer sans s'ouvrir le flanc. De cette plaie admirable les hommes veulent être épargnés ; ils aimeraient bien ressentir l'amour tout en restant intacts, ils désirent danser dans le feu sans être brûlés... Somme toute, la blessure d'amour est très rare parce que la plupart des humains gardent leur cœur pour eux et le gardent fermé. Dès qu'il y a ouverture, il y a faille et déchirure, et il faut être bien fou pour s'y aventurer. Oui, il faut être fou.

Sur le thème du don du cœur, celui qu'on a appelé le philosophe de Cordoue et qui vécut dans l'Espagne musulmane du XIe siècle, Ibn Hazm, propose cette variation magnifique dans son traité d'amour intitulé *Le Collier de la colombe* :

« Je voudrais que mon cœur eût été ouvert comme avec un couteau. Tu y serais entrée, puis il se serait refermé dans ma poitrine.
Tu t'y serais retrouvée, sans autre compagnon, jusqu'au jour de la résurrection et du jugement des morts,
Partageant toute ma vie. Et si je meurs, tu habiterais encore le fond de mon cœur, dans les ténèbres du tombeau. »

Outre la déclaration fervente qu'elles représentent, ces paroles recouvrent une vérité qui éconduit les médiocres : *c'est la blessure qui permet le rapprochement.* Les deux amants ne peuvent devenir un sans être passés, chacun, par l'arrachement. Ils se savent inséparables à jamais, ceux dont une longue séparation fit brûler le cœur.

Je l'ai dit : peu d'hommes se risquent sur cette voie ardente parce qu'ils craignent pour leur raison, pour leur intégrité physique et mentale ; parce qu'ils pressentent que l'atteinte qui leur sera portée, tout en se montrant délectable, s'avère irréversible. Leur monde s'écroulera, leur vieux monde dans lequel ils ont fait leur place, où ils se sentent en sécurité plus qu'en paix. Avec la blessure vient le monde nouveau et il n'est plus possible de revenir en arrière, de retrouver un bonheur conforme, de renouer avec ceux qu'on disait ses semblables. De la blessure d'amour l'homme noble est marqué à jamais : il peut devenir chevalier errant, fou illuminé, poète et mystique tout à la fois.

Il se sentira toujours seul désormais, seul au milieu des humains, mais il vénérera cette blessure qui le fait accéder aux lumières célestes et lui permet de recevoir de multiples grâces. Chemin de crête, à flanc d'abîme, qui n'offre plus de retour.

Alors, la plupart des humains restent chez eux, se font une raison, ils ont peur de perdre leur vieux monde qui est pourtant poussière aux yeux de l'Éternel. Je devrais préciser : les individus masculins. Eux surtout. Parce qu'ils ne mettent pas l'Amour au centre de leur vie. Ils veulent bien connaître des passions, des émois, des folies sexuelles, beaucoup se marieront, fonderont une famille. C'est comme si toutes ces parades n'avaient au fond qu'un sens, qu'ils ne veulent pas voir : les tenir à l'abri de la folie d'amour ; les garder indemnes de l'irréparable blessure.

Dans le domaine insondable de l'Amour, il n'y a plus ni clercs ni docteurs de la Loi ni maîtres : il n'y a que les « fins » amants et les mystiques pour en témoigner. Il n'est plus question de savoir ni d'enseigner, mais d'être touché, retourné, dénudé, mais de voir. Le domaine de l'Amour est celui de l'écoute subtile et de la vision, celui du chant aussi. Tout le reste, qui s'apparente à un objet de savoir, à un instrument de pouvoir, tombe en cendres. Là où l'Amour règne sans partage, il n'est plus ni maîtres, ni disciples, ni esclaves, il y a des hommes libres, dont la liberté tient à honorer l'Amour.

Mes propos au sujet des hommes ne se veulent ni agressifs ni féministes, ils ne déplorent ni ne revendiquent rien. Ils rappellent le laminage social auquel l'individu masculin a consenti plus volontiers que la femme, un laminage qui l'a conduit à juguler les élans de son cœur, à suspecter ses intuitions, à se méfier de tout lyrisme et à déserter sa grandeur. En reniant son cœur – qui est tout à la fois lieu de l'amour, du courage, et de la conscience transcendante – pour « s'investir » dans le monde matériel et marchand fait d'efficacité, de rationalité et de cynisme, l'homme a tout perdu mais il ne veut pas l'admettre, aussi son existence se réduit-elle à de pâles chimères, à des frustrations sans nombre et à quelques excitations passagères.

C'est pourquoi il est doux et poignant de lire les troubadours, les romans courtois, les récits de la Table Ronde, les poètes italiens du *dolce stil nuovo,* qui tous rappellent cette vérité : seul un homme libre et noble peut rencontrer, savourer l'amour. Je les lis souvent, avec les mystiques persans, et mon cœur se serre en pensant qu'ils sont les témoins d'un monde perdu, d'un monde qui seul peut nous sauver.

La blanche biche

Il ne faut pas croire pour autant que la peur ou l'esquive masculines devant l'amour soit un comportement récent. Au temps de la féodalité, les hommes ne s'aventurent pas tous dans la haute quête d'aimer. En témoigne, par exemple, le personnage de Guigemar dans le lai de Marie de France, qui date du XIIe siècle.

Guigemar est un jeune homme très beau, vaillant, qui devient en Bretagne un chevalier renommé. Mais, grande ombre au tableau, il est indifférent, aucune femme ne retient son attention et on se demande même s'il a envie d'aimer. Un jour, il part à la chasse avec son arc pour capturer un grand cerf. Mais, dans un épais buisson, c'est une biche blanche avec son faon qu'il découvre. Le chasseur n'est pas ému pour autant. Il décoche une flèche mortelle qui atteint la biche au front puis, en ricochant, vient traverser la cuisse de Guigemar. Voici le beau chevalier à terre, tombé à côté de la biche qui gémit de sa blessure. Et la bête blanche, qui est un personnage de l'autre monde, se met à parler et elle annonce à Guigemar son destin : « Hélas, je vais mourir ! Et toi, chevalier, toi qui m'as blessée, voici ta destinée : puisses-tu ne jamais trouver de remède ! Nulle herbe, nulle racine, nul médecin, nulle potion ne guériront jamais la plaie de ta cuisse tant qu'une femme ne viendra pas la guérir, une femme qui souffrira pour l'amour de toi plus de peines et de douleurs que nulle autre. Et toi, tu souffriras tout autant pour elle. Et votre amour émerveillera tous ceux qui aiment, qui ont aimé et qui aimeront... »

Toutes les indications données par la poétesse Marie de France sont intéressantes. Tant que Guigemar se ferme à l'amour, il est sûr de lui et accomplit des exploits extérieurs. Il ne montre aucune fragilité mais n'éprouve aucun sentiment de pitié ni de tendresse : froidement, il vise la douce biche. La flèche meurtrière se retourne contre lui, elle fraie une brèche dans sa cuirasse d'homme fort qui se veut à l'abri de tout. Or, cette blessure vient de la rencontre avec une créature féerique, la biche blanche qui déroulera ses prophéties : autant dire qu'elle émane du monde surnaturel, qu'elle est une visitation du monde céleste. Autre précision intéressante : la flèche transperce le jeune chevalier à la cuisse et ce lieu du corps, dans la Bible autant que dans les récits celtiques, évoque les parties viriles. Ainsi,

Guigemar se trouve à la fois réveillé et affligé dans son ardeur amoureuse. Désormais, il n'est plus insensible, il est un chevalier en peine qui ne peut vivre l'amour tant qu'il ne rencontrera pas la dame qui saura le guérir. La dame élue sera apte à soigner la blessure du jeune homme non seulement avec des plantes et des onguents, non seulement avec des caresses, mais en souffrant à son tour mille morts – et on retrouve ici le thème de l'union des amants par-delà le déchirement.

Le récit se poursuit. Guigemar s'embarque sur un voilier qui l'emmène en pays inconnu. Là, il rencontre une dame et sa suivante qui se penchent sur sa plaie et apaisent sa langueur. En même temps, l'amour naît dans le cœur du jeune homme et celui de la dame. Guigemar s'étonne : « Sa plaie ne le fait plus souffrir et pourtant il soupire douloureusement. » Le voici véritablement « torturé d'amour », mais il ne le montre pas, ne déclare pas sa flamme. Comme le dit joliment Marie de France, « amour est plaie dedans corps », c'est une blessure intérieure qui n'apparaît pas au-dehors.

Les aveux mutuels échangés, les amants savourent un an et demi de bonheur. Mais leur amour est mis à l'épreuve par une séparation. Ils échangent avant de se quitter des promesses de loyauté et de fidélité. Après bien des événements, des voyages et des difficultés, ils se retrouveront, cinq ans plus tard, Guigemar reconnaîtra la dame pour laquelle son « cœur soupire et tremble ». Aucun des deux n'a renié ni oublié sa parole, leur ferveur est intacte.

Le lai se termine par le triomphe de l'amour qui a su résister au doute, à l'absence, qui a surmonté les épreuves de l'existence. C'est le seul amour qu'on puisse dire heureux. Non parce qu'il est tranquille et assuré pour toujours, mais au contraire parce qu'il a affronté et vaincu toutes les forces d'inertie, toutes les peurs et la déchirure de la séparation. *Le seul amour heureux est celui qui a accepté la blessure mais n'a jamais consenti à la défaite*, ne s'est jamais résigné. Rien dorénavant n'a de prise sur lui parce qu'il a tout traversé, au lieu de se garder de tout. Les deux héros du lai, en s'aimant absolument, irrévocablement, ont bâti un amour immortel, toujours jeune et vibrant, capable d'émerveiller tous ceux qui en entendront l'histoire et, en aimant follement à leur tour, continueront d'en transmettre la délicate musique.

Frissons et tremblement

Un conte des frères Grimm m'enchante depuis longtemps. Il se situe dans le sillage de *Guigemar* et porte un titre merveilleux : *Histoire d'un qui s'en alla pour apprendre le tremblement.*

C'est l'histoire de l'éveil du cœur. Un jeune garçon part à l'aventure dans le vaste monde et, devant les rencontres les plus effrayantes et les plus inhabituelles – des pendus, des monstres et des revenants –, il reste de marbre. Jamais, depuis qu'il est né, il n'a éprouvé une sensation qui lui donne le frisson et, pourtant, il devine qu'il s'agit là d'un bien précieux quoique immatériel. Aussi continue-t-il son chemin en quête du tremblement... Un jour, pour avoir remporté une épreuve redoutable, le jeune homme obtient en récompense d'épouser la fille du roi. Il devrait se réjouir mais, au soir de ses noces, il se plaint encore de ne point connaître le frisson.

Sa jeune femme lui révélera le frémissement. Le conte use d'une métaphore en parlant d'un seau empli d'eau froide où frétillent de petits poissons que la femme verse sur son corps. Le héros s'écrie alors, pris de ravissement : « Oh ! ma chère femme, comme j'ai le frisson, comme j'ai le frisson ! Oui, à présent, je sais ce que c'est. »

Le conte de Grimm ne mentionne pas de blessure dans le parcours du garçon, mais le frémissement en offre l'équivalent : c'est l'éveil amoureux qui fissure la carapace, qui octroie en même temps la joie et le tremblement.

L'Amour ne touche ni ceux qui ont peur de lui ni ceux qui n'éprouvent aucune crainte. Il se détourne des lâches autant que des fiers-à-bras. Il advient dans le frémissement à ceux qui ont le courage de la nudité, aux chevaliers qui ont désarmé, aux doctes qui ont abdiqué tout savoir. Les plus fiers guerriers de l'Antiquité, les plus nobles chevaliers de l'époque courtoise versent des larmes, frissonnent, défaillent d'amour. Ils témoignent de la grandeur de l'homme moins par leur force et leurs exploits que par leur sensibilité qui en est la source. L'énergie du cœur qui se nomme le courage ne peut se développer et œuvrer qu'en toute liberté : plus le cœur est ouvert, plus il montre de vaillance. Inversement, plus l'homme se cuirasse, plus il cherche à dissimuler sa faiblesse et sa couardise.

La seule rencontre qui vaille est une faille irrémédiable. Et elle est d'amour. Unique Amour. Une fois l'armure déposée, le cœur ouvert ou déchiré, il n'y a pas de différence entre ferveur amoureuse et éveil spirituel, entre passion ardente et illumination. L'érotique des troubadours et des chevaliers courtois procède de la même Essence que les visions et les extases des mystiques.

La voix fervente de Jacopone de Todi en témoigne – lui qui avant d'entrer chez les frères mineurs aima passionnément sa jeune épouse qui mourut accidentellement :

« Amour de charité,
pourquoi m'as-tu tant blessé ?
Tout mon cœur est brisé,
et tout brûlant d'amour. »

L'échelle d'amour

L'Amour est un, mais son approche comporte divers degrés. D'autres disent qu'il dispose de plusieurs flèches de nature différente. Durant tout le Moyen Âge, laïcs et religieux se sont livrés à l'étude des degrés de l'amour. Parmi ceux-ci figure immanquablement la blessure.

Richard de Saint-Victor (1100-1173), théologien d'origine écossaise qui fut chanoine de la célèbre abbaye parisienne, a écrit un traité intitulé *Les Quatre Degrés de la violente charité* qui s'ouvre sur la phrase prononcée par la Bien-Aimée du Cantique : « Je suis navrée d'amour. » Or, comme le théologien rédige en latin son traité, il donne la traduction latine du texte biblique : « *Vulnerata caritate ego sum.* » Non seulement le traité commence par le mot qui évoque la blessure, mais il peut y avoir une ambiguïté, sans doute souhaitée par l'auteur : dans le Cantique, c'est la femme qui s'avoue blessée d'amour, mais en latin, on peut aussi entendre que la charité est blessée. Du reste, le traité de Richard de Saint-Victor circula aussi sous le titre *De vulnerata caritate.*

Dès les premiers mots, tout est dit, admirablement. Parler de l'amour, c'est aussitôt, de façon inaugurale, évoquer, peut-être invoquer, la blessure.

D'un ton enflammé qui n'empêche nullement une grande finesse de perception, Richard de Saint-Victor énonce quatre degrés dans la « véhémence de ce parfait amour » : « Je vois que certains sont blessés, d'autres captifs, d'autres languissants, d'autres défaillants. » Et il analyse le premier degré qui est « celui où l'amour navre » et qui permet les suivants. Parce que c'est la même blessure qui s'affine et s'approfondit : elle signe l'amour insurpassable et exclusif qui va occuper le cœur tout entier.

Ce thème est également très présent dans l'œuvre d'une moniale cistercienne, élevée chez les béguines, Béatrice de Nazareth (1200-1268), née à Tirlemont près de Liège. Dans son traité *Les Sept Manières d'Amour*, où elle étudie les diverses formes que prend Amour pour entrer en relation avec l'âme, elle cite la « navrure » en cinquième manière. L'atteinte est violente mais promesse d'union. Ainsi que l'écrit, vers la fin du traité, la moniale au sujet de l'âme bienheureuse, affolée de désir : « L'amour ne lui laisse ni paix, ni répit, ni repos. L'amour l'élève et l'abaisse ; il l'attire soudain pour la tourmenter ensuite ; il la fait mourir pour la faire revivre ; il la blesse et la guérit, la rend folle et puis sage. » Aucune âme ne peut prétendre à la fruition du Divin sans avoir été touchée par la flèche d'amour.

Dans cette étude fine des nuances et gradations qui permettent au cœur de poursuivre son ascension sur l'échelle céleste de l'Amour, bien des auteurs spirituels, bien des poètes courtois pourraient être cités, saint Bernard de Clairvaux autant que Guillaume de Machaut, plus tard, saint Jean de la Croix et saint François de Sales. Dans le *Roman de la Rose*, Guillaume de Lorris raconte que le dieu d'Amour décoche au pèlerin plusieurs flèches de fer dont la première atteint le cœur en passant par l'œil et s'appelle Beauté. La deuxième a nom Simplesse, la troisième, impossible à retirer, s'appelle Courtoisie, la quatrième met son cœur en pièces, provoque évanouissement, pleurs et soupirs et se nomme Compagnie. Dans la quête de la Rose, anagramme d'Éros, l'humble et vaillant pèlerin reçoit des coups de plus en plus profonds qui, paradoxalement, le rapprochent de la Présence désirée. Et voici qu'Amour décoche une cinquième et ultime flèche, désignée par Beau Semblant qui « ne souffre que nul amant se repente jamais de servir Amour, quelque mal qu'il sente ». La dernière flèche, très puissante, a la vertu singulière d'apporter douceur et amertume tout ensemble. Guillaume de Lorris la décrit ainsi : « Elle est aiguë pour percer et tranchante comme rasoir ; mais Amour a frotté la pointe d'un onguent très précieux afin qu'elle ne puisse pas trop nuire, et pour que les parfaits amants y trouvent quelque allégement. » Le narrateur poursuit : « Amour a tiré sur moi cette flèche qui m'a fait au cœur une profonde blessure, mais l'onguent s'y est répandu qui m'a rendu la vie. J'arrachai la flèche de ma plaie, mais le fer y demeure encore. »

Douleur, douceur

On assiste, chez les amants courtois comme chez les mystiques, à un retournement qui est révélation : l'homme qui cherche l'Amour devient celui qui est cherché, il ne peut rien capturer, ni saisir aucune rose sans être devenu cible et proie de l'Amour. Il croyait être l'amant, quêteur héroïque et discret, mais en recevant la flèche son cœur voit et comprend que l'archer est l'Amant. Il ne peut dès lors que souhaiter d'autres blessures puisque c'est l'Amour qui les donne comme autant de sceaux profondément imprimés dans sa chair. Si les flèches viennent d'Amour, la perspective est totalement inversée, c'est la métamorphose de l'être tout entier. Désormais, le pèlerin se sait choisi et attendu de toute éternité. Les blessures reçues ont réveillé sa mémoire engourdie, cependant l'union n'est pas encore accomplie. La cinquième flèche mentionnée dans le *Roman de la Rose* désigne encore une distance entre l'Amour et le pèlerin, d'où la douleur, mais la pointe qui répand un baume bienfaisant et qui reste dans le cœur évoque la proximité de l'union, d'où l'ineffable douceur. La Rose elle-même doit passer par les épines pour s'offrir à celui qui ardemment la cherche, et le parfait amour est blessure réciproque.

Les soufis et les platoniciens de Perse ont, à la même époque, analysé et expérimenté la progression de la Lumière de l'Amour dans l'âme et dans la vie du Fidèle, en particulier Rûzbehân de Shîrâz dans *Le Jasmin des Fidèles d'Amour* et Ibn Arabî dans son célèbre *Traité de l'Amour*. Le soufi andalou énumère trois sortes d'amour qu'il appelle : inclination subite, amour originel et débordement d'amour. Dans ce troisième état, l'excès se manifeste volontiers par la coupure et le sang versé. Lorsqu'un être montre une constance inaltérable dans sa manière de ressentir l'amour, il atteint au quatrième stade qui est la fidélité d'amour. Ibn Arabî clôt ce chapitre en déclarant : « L'amour comporte des états d'âme nombreux affectant les amants. J'en traiterai plus loin s'il plaît à Dieu. D'ores et déjà, mentionnons : le désir ardent d'amour, la domination amoureuse, l'amour éperdu, la peine d'amour, les pleurs, la tristesse, la blessure d'amour, la consomption, la langueur, et d'autres états semblables propres aux amants... »

La blessure d'amour, *kabd* en arabe, est distinguée du chagrin et de la souffrance. Elle vient de Dieu, elle est « réparatrice ou innocente ». La grande erreur serait de vouloir s'en protéger ou de l'assimiler à une peine, alors qu'elle désigne une haute folie. En simplifiant, je dirai que quiconque veut être aimé connaîtra déceptions et douleurs, mais que celui qui désire aimer sera marqué par la blessure. La première attitude, de loin la plus commune, est une restriction ; la seconde ouvre à l'immensité.

La chemise ensanglantée

Voilà pourquoi les chevaliers véritables ne redoutent ni les balafres ni les plaies mortelles. Tous les héros courtois sont blessés et versent leur sang. La noblesse de leur courage n'est pas dissociable de leur amour éperdu.

Dans la chantefable du XIIe siècle intitulée *Aucassin et Nicolette*, le héros amoureux part à travers la forêt à la recherche de la jeune femme. Les ronces et les épines déchirent ses vêtements mais Aucassin ne s'en soucie pas : « Le sang jaillit de ses bras, de ses côtés, de ses jambes en trente ou quarante endroits, si bien qu'on peut en suivre les traces qui tombent sur l'herbe. Mais il pensait si fort à Nicolette sa douce amie qu'il ne sentait ni mal ni douleur. »

Dans les prouesses auxquelles il se livre ou lors d'un tournoi, le chevalier reçoit des coups qu'il dédie à la dame de son cœur, mais il est d'abord frappé au cœur en rencontrant celle-ci. Le récit de Chrétien de Troyes développe finement ce thème en parlant d'Yvain, le Chevalier au lion, que l'Amour vient de visiter : « Et ce coup blesse plus vivement que coup de lance ou coup d'épée. Car coup d'épée guérit bien vite dès que le mire y met ses soins. Plaie d'Amour d'autant plus empire que plus proche est le médecin. Messire Yvain porte cette plaie dont jamais il ne guérira. Amour s'est livré à lui... »

J'insiste, encore une fois, sur le fait que ce ne sont point là jolies images, métaphores galantes, mais expériences vivantes de l'Amour qui saisit l'être entier. Le corps de l'amant courtois manifeste ce que son cœur éprouve. En ce XIIe siècle, admirable de valeur et de fougue, d'élan spirituel autant qu'amoureux, la *Fin'Amor* n'est pas plus une théorie qu'un jeu, et la chevalerie est un engagement total et réel. À cet égard, je citerai un épisode concernant la reine Aliénor d'Aquitaine, grande dame qui fit rêver rois et chevaliers, sultans et troubadours, et dont la vie traversa le siècle (1122-1204). Forte personnalité, femme très cultivée qui prit sous sa protection musiciens et artistes et permit l'expansion de l'art du *trobar* et des légendes celtiques, la reine était connue également pour sa beauté, son goût des fêtes et des joutes, du vin, des robes somptueuses. Un jour, raconte-t-on, elle déclara qu'elle prendrait pour chevalier l'homme audacieux qui, face à un adversaire portant écu et cotte de mailles, accepterait de combattre en étant seulement revêtu d'une chemise à elle. Un chevalier, nommé Saldebreuil, s'avança pour relever le défi et il se déclara heureux de mourir enveloppé d'un vêtement si précieux. De fait, il fut blessé et vaincu dans le combat, mais la reine le fit porter en ses appartements, le soigna en veillant tendrement sur lui. Le soir même, au-dessus de ses vêtements d'apparat, Aliénor arborait la chemise tachée du sang du chevalier comme un signe d'honneur et d'amour éclatants.

L'Amour dénude et rend vaillant, il ne permet aucune échappatoire mais enjoint de se surpasser : Saldebreuil ne s'y est pas dérobé et à son chevalier la reine a rendu l'hommage qui convenait. L'histoire est magnifique et non cruelle. Le sang versé revêt ici une importance toute particulière : il signifie l'offrande de l'être entier et désigne un pacte d'amour.

On retrouve ce thème dans trois scènes mystérieuses et majeures des romans courtois de l'époque : l'épisode dit de « la fleur de farine » dans le *Tristan* de Béroul (la version du poète normand se situe entre 1165 et 1170) ; la nuit ardente entre Lancelot et Guenièvre, dans *Le Chevalier à la charrette* que composa Chrétien de Troyes aux environs de 1177 ; enfin, contée par le même auteur champenois, peu avant 1182, l'extase de Perceval devant trois gouttes de sang tombées sur la neige. Dans les trois scènes, qui se déroulent toutes sous le ciel de l'Amour, la blessure ne vaut que par ce qui émane d'elle, le sang rouge qui est à la fois vie et lumière.

Les plaies de Tristan

Tout le parcours de Tristan est balisé d'épreuves et de combats. Le chevalier, amant d'Iseut la reine, est autant assailli et tourmenté dans son cœur qu'il est endommagé et empoisonné dans son corps. Au début du récit, Tristan qui vit depuis trois ans à la cour du roi Marc, son oncle, se désigne pour combattre le géant Morholt qui menace la Cornouaille et réclame chaque année un tribut de chair fraîche. Il parvient à terrasser l'ennemi, mais se trouve atteint de deux vilaines plaies, l'une à la hanche et l'autre au bras gauche. Les médecins parviennent à apaiser les coups reçus, sans pouvoir guérir la blessure de la hanche qui s'envenime. Le héros décide de partir seul, sur une barque sans rames qui dérivera à la grâce des vents et selon son destin.

Tristan aborde sur les rives d'Irlande où il est recueilli puis soigné par la reine et sa fille Iseut qui connaissent les vertus des plantes et des potions. Aux questions qu'on lui pose il répond en déclarant qu'il se nomme Tantris – son prénom inversé. Une fois rétabli, il retourne par-delà la mer chez son oncle, le roi Marc.

Nous avons déjà rencontré le motif de la plaie à la hanche, en particulier chez Guigemar, dans le lai de Marie de France. Cette blessure ne relève pas du savoir ni de la compétence du médecin, mais elle permet de rencontrer un amour peu ordinaire et salvateur. Un amour venu d'ailleurs, de loin. Tristan, le champion valeureux, doit abandonner toute volonté, toute action, il doit s'embarquer, se laisser guider, se laisser trouver par l'Amour. Ce renversement intérieur, que l'on désigne par le terme grec *metanoïa*, est exprimé par le prénom Tantris. Désormais, le héros ne pourra plus oublier ni la marque à la cuisse ni le visage de celle qui l'a soigné.

Tristan a été atteint dans ses forces viriles. Non pas rendu impuissant mais, pour un temps, condamné à la latence et à l'attente. C'est comme si, porté en cet endroit du corps, le coup éveillait à la véritable virilité tout en mettant en sommeil momentanément l'ordinaire activité sexuelle masculine. La blessure à la hanche marque le passage d'un éros tourné vers les œuvres de chair, passagères et périssables, à une érotique qui est une mystique où l'Amour ouvre aux réalités invisibles ; l'abandon d'un éros destructeur pour un éros transfiguré et salvateur. En soignant cette singulière blessure qui atteint l'identité masculine et lui pose question, la dame que rencontre Guigemar ou la blonde Iseut qui se penche sur Tristan orientent l'homme vers une autre et une plus haute image de la virilité, et vers une forme d'amour qui ne méprise pas le corps mais l'illumine et le rend glorieux.

Être un mâle n'est pas être un homme. C'est une donnée naturelle et, souvent, un asservissement à l'espèce. L'identité masculine ne se réduit pas à des considérations anatomiques, aux capacités sexuelles, à la possibilité de féconder une femme. La médecine que proposent certaines dames éveillées aux héros blessés, porteurs d'une image déchue de la virilité, est médecine d'amour : elle ne consiste pas à prendre, mais à apprendre. Ainsi commence l'Art d'aimer où le corps, le cœur, l'esprit ne peuvent être disjoints, où l'homme est libéré de ses fausses identités, de ses prouesses factices. La blessure à la hanche ouvre, si l'homme y consent, à la perception d'un monde inexploré, d'un amour transcendant et éternel dont, jusque-là, il était orphelin (Tristan perd sa mère à sa naissance et reçoit un prénom qui désigne son affliction, sa tristesse). Et l'homme doit accepter de se laisser guider et enseigner par la dame, de recevoir d'elle la lumière autant que les caresses et les soins.

Cette Dame mystérieuse qui tantôt reste anonyme, comme dans le lai de *Guigemar*, tantôt prend le visage d'Iseut, de Blanchefleur, de Guenièvre, plus tard de Béatrice ou de Dulcinée, est Sapience d'Amour. Grâce à elle, l'homme endommagé est rétabli dans sa virilité, dans sa stature d'homme debout, désormais il sait que l'Art d'aimer est un incessant perfectionnement spirituel.

C'est pourquoi, après sa rencontre avec Iseut, Tristan n'est pas à l'abri de nouvelles meurtrissures. En Irlande, où il est revenu pour chercher la future épouse du roi Marc, il combat un horrible dragon dont il parvient à trancher la tête, mais qui le laisse exténué, sans connaissance. La langue venimeuse du monstre qu'il avait gardée comme trophée et glissée dans sa chausse lui fait enfler la jambe. À nouveau, Iseut et sa mère viendront trouver le chevalier affaibli et soigneront ses plaies. Plus tard, lorsque, ayant bu le philtre, il devient enfiévré d'amour pour celle qui est destinée au roi Marc, sa vie sera envahie par une passion grandissante, Tristan ne cessera de s'écorcher par amour et pour l'amour, il deviendra fou, mendiant, pénitent, banni. Étrange apothéose à quoi mène la blessure première.

Les draps vermeils

J'en viens à l'épisode troublant de la fleur de farine. Tristan et Iseut sont devenus amants, un jour de canicule, lors du voyage qui conduisait la femme aux cheveux d'or vers son futur époux. Ils ne pourront plus à présent vivre l'un sans l'autre et doivent être habiles parce qu'à la cour ils sont épiés par des barons jaloux, par le méchant nain

Frocin. Rumeurs et soupçons gagnent le château de Tintagel, le roi Marc s'en émeut, mais les deux amants parviennent à déjouer les pièges. Un jour, Frocin le bossu met au point une nouvelle ruse pour démasquer leur lien coupable. Il suggère au roi Marc d'envoyer son neveu porter, dès l'aube, un message au roi Arthur et de quitter lui-même la chambre afin de laisser seul à seule Tristan et Iseut. Selon la coutume, en effet, les proches du roi partageaient la même pièce vaste où étaient disposés plusieurs lits.

Auparavant Frocin était allé chez le boulanger acheter pour quatre deniers de fleur de farine. Le soir, quand il pense que tous sont endormis, il répand entre le lit de Tristan et celui de la reine la blanche farine : si l'un des deux amants va rejoindre l'autre, la trace de ses pas restera bien visible. Or Tristan ne dort pas et remarque le manège du nain. Pourtant il a grand désir de parler à la reine, de l'avertir de son prochain départ... Voici qu'à minuit le roi Marc se lève et s'en va, suivi du nain bossu. Tristan ne peut résister, mais pour éviter de laisser trace de son passage, il prend son élan et bondit jusqu'au lit où repose Iseut. Hélas, la veille, lors d'une chasse au sanglier, il avait reçu un coup de boutoir à la jambe et, dans ce saut, la blessure s'ouvre et saigne, tachant les draps.

Frocin, qui rôde sous la lune, pense que le forfait est accompli et prévient le roi. Accompagné de quatre barons félons et du traître, le roi Marc fait son entrée dans la chambre. Tristan a eu juste le temps de regagner son lit, en faisant à nouveau un grand bond. Cette fois, des gouttes de sang tombent sur la fleur de farine.

Lorsque la petite troupe fait son entrée, Tristan et Iseut font semblant de dormir. Mais, dit le récit, « le roi voit sur le lit les draps tout vermeils et, sur le sol, la fleur de farine trempée de sang frais ». Et les félons désignent sur la jambe de Tristan la blessure qui saigne.

Le méchant Frocin se frotte les mains : le roi condamne à mort son neveu et il va livrer la belle Iseut aux lépreux. Aucun des deux amants ne peut opposer de démenti aux traces de sang rouge où éclate leur amour au grand jour.

On connaît la suite et la fin de cette histoire tragique où Tristan, exilé, entreprend d'autres combats sans jamais oublier la reine. Lors d'une rixe violente, il est frappé à la tête et se retrouve « tondu » ; puis, en affrontant Estout l'Orgueilleux, il est blessé à mort. Il s'allonge sur sa couche et songe à Iseut qui seule peut lui redonner vie. Il la fait chercher et chaque jour il fait porter sa litière sur le rivage afin de scruter l'horizon, espérant un navire à voiles blanches. Puis, n'ayant plus de forces, il ne quitte plus son lit. Il rendra son dernier souffle sans avoir revu Iseut. En découvrant le corps inanimé de son amant, Iseut ne pourra non plus retenir sa vie et ils resteront unis par-delà le temps et la mort.

Au milieu de tant de coups, de poisons, de déchirures, le sang qui tache les draps et la farine brille d'une étrange lueur. Surtout qu'il est répandu par un homme, et un homme passionnément amoureux. Les méchants, les profanes verront une faute là où il y eut offrande et exultation. Les draps vermeils et la farine tachée de sang frais évoquent avec splendeur la déchirure d'aimer : ferveur de l'étreinte, douleur de la séparation. Comment garder l'autre en soi, avec soi, au plus près, comment ne jamais se départir, si ce n'est en déchirant tous les voiles, les vêtements, et jusqu'à la peau, en s'ouvrant cœur et veines ? Revient ici la parole brûlante d'Ibn Hazm : « Je voudrais que mon cœur eût été ouvert comme avec un couteau. Tu y serais entrée, puis il se serait refermé dans ma poitrine... »

Une folle sagesse

L'union la plus ardente reste furtive, elle échappe ou s'envole comme fleur de farine. Et les draps sans le corps aimé sont un linceul. Comment devenir un, si ce n'est par une alliance scellée dans le sang qui conjoint, à la vie, à la mort, les deux amants, comme dans le rite d'affrèrement guerrier ? En versant son sang, en recevant celui de l'être aimé, chacun des amants peut s'écrier, à la façon des mystiques : « Elle est moi, je suis elle », « Il est moi, je suis devenue lui ».

Au regard des draps tachés, on ne peut éviter le rapprochement avec le sang précieux de la défloration. Aussi bien, Iseut a offert sa virginité à Tristan, non à son futur époux. Lors de cette nuit d'amour où rôde Frocin sous la lune, où les méchants traquent des preuves d'adultère, Tristan dont la blessure saigne rend à son tour son tribut. Ce sont comme des noces nouvelles, que ne commande plus un philtre bu par mégarde, mais que célèbre l'unique et libre Désir.

L'origine de la blessure apporte des précisions supplémentaires. La jambe de Tristan a été transpercée la veille, lors d'une chasse au sanglier, et le héros n'a pas pris soin de la panser. Derrière l'animal sauvage, puissant et solitaire qui se cache dans les fourrés, se lit la chasse spirituelle, secrète, en laquelle peu s'engagent. On a déjà rencontré ce motif, en particulier dans le récit de la jeunesse d'Ulysse qui garde à la cuisse une grande cicatrice. La blessure de Tristan est toute fraîche et ouverte, sans pansement : c'est comme si le héros venait d'être touché par la Sagesse qui lui enjoint l'Amour, par la Sagesse à laquelle se conjoint inévitablement l'Amour. La nuit suivante, Tristan désire follement rejoindre en son lit la reine, et pour lui, comme le suggère le sang semé sur les draps blancs, c'est une première fois. C'est la première fois qu'il lui est donné de vivre dans toutes ses dimensions l'amour qui, le portant vers Iseut, unit et irradie le corps, l'âme et l'esprit. La rencontre avec le sanglier lui a révélé que la quête amoureuse et la quête spirituelle ne font qu'un. L'amant passionné est devenu amant illuminé, mais cette Sapience d'Amour semble démence et déshonneur aux yeux du monde – et Tristan finira par rejoindre la cohorte des Fous où se côtoient Majnûn, Roméo, Don Quichotte...

« *Aurora consurgens* »

Il y a tout un parcours entre le premier coup reçu par Tristan à la hanche et la blessure faite par la défense du sanglier. Toute une élévation, depuis le plan terrestre jusqu'au domaine céleste. Une transformation intérieure qui, comme l'Œuvre d'alchimie, se manifeste à l'extérieur, dans le corps, et concerne également l'énergie virile. Or il faut longtemps, et il faut l'initiation d'une Dame, la présence d'une Reine, pour que l'énergie sexuelle masculine se transforme en puissance d'amour ; pour que le mâle devienne un homme puis un Roi.

En combattant le géant Morholt qui, tel le Minotaure, tel Moloch, dévorait chaque année une fournée de jeunes gens venus de Cornouaille, Tristan est atteint à la hanche d'une blessure que seule Iseut, rencontrée en Irlande, pourra soigner. Le Morholt est à l'image d'une sexualité aveugle, déchaînée et dévoratrice qui engloutit les forces vives de l'individu sans rien créer. J'ai montré comment Iseut représente, pour l'homme affecté et immobilisé par cette plaie somme toute commune, une figure lumineuse et aimante. Pour la princesse aux cheveux d'or, guérir l'homme de sa blessure à la hanche n'est autre que l'éveiller à l'Amour : lui donner désir d'aimer, non plus de prendre et posséder. Iseut referme cette plaie comme on referme une porte sur un passé douloureux ou obscur. Tristan commence son parcours amoureux.

La chasse au sanglier a lieu bien plus tard. Devenus amants, Tristan et Iseut goûtent ensemble la volupté des sens, les joies et les tourments d'une passion qu'ils doivent tenir secrète. Durant la nuit où Tristan bondit jusqu'au lit de la reine, la blessure faite, la veille, par le sanglier va saigner, empourprant les draps. Iseut se garde bien ici de soigner ou de panser la plaie vive : elle la reçoit, pourrait-on dire, elle s'y conjoint, elle se revêt du sang versé comme fit superbement Aliénor d'Aquitaine avec le chevalier Saldebreuil. Il est tout à elle, elle est toute à lui. Au cœur de la nuit, les amants éveillés sont enveloppés dans des draps vermeils, unis dans la royauté de l'Amour.

Restons sur cette image ardente et mystérieuse, véritable icône de la *Fin'Amor* à laquelle les profanes – les barons, les nains, tant d'autres – n'entendent rien. Contemplons en silence ces taches de sang très rouge qui, loin de confondre des coupables, laissent les témoins dans la confusion de leur ignorance. Ces derniers ne voient que ce qu'ils veulent voir et ils ne voient que ce qu'ils sont capables de voir. Ils ne voient que du feu là où se révèle le Feu d'Amour. Revêtus du sang vermeil qui a la semblance d'une aurore splendide, Tristan et Iseut échappent à toute humaine saisie : ils sont, dans leurs corps glorieux, des amants immortels.

Le chevalier enamouré

Chrétien de Troyes s'est assurément souvenu de la scène énigmatique du *Tristan* de Béroul pour conter la nuit d'adoration qui eut lieu en une tour, au royaume de Gorre, entre Guenièvre prisonnière et Lancelot aux doigts écorchés. Pour moi, c'est la plus belle nuit d'amour de toute la littérature ; mais je me demande aussi quel homme en est de nos jours capable et désireux, et quelle dame peut en inspirer le climat sacré.

Voici l'épisode tel qu'il est raconté dans *Le Chevalier à la charrette*. La reine Guenièvre, épouse du roi Arthur, a été enlevée, le jour de l'Ascension, par un chevalier qui se nomme Méléagant et qui est le fils du roi Baudemagu. Gauvain part aussitôt à sa recherche et sur sa route il rencontre un chevalier, déjà parti en quête et dont l'identité n'est pas donnée. C'est seulement cinq jours plus tard, et au vers 3 660 du roman, que Lancelot du Lac est nommé, et il est nommé par la reine qui l'a reconnu et l'agrée. Le meilleur chevalier du monde, plein d'audace et de vaillance, est aussi l'homme le plus amoureux du monde : pour Guenièvre il est prêt à affronter toutes les épreuves, à monter s'il le faut dans la charrette d'infamie réservée aux condamnés, à s'entailler pieds et mains en traversant le Pont de l'Épée, et à demeurer fidèle et chaste en toute occasion « car le chevalier n'a qu'un cœur, et encore n'est-il pas à lui ».

Sous les yeux de la reine captive, Lancelot affronte Méléagant en un combat singulier qui, tournant au désavantage du ravisseur, est suspendu. Mais les épreuves du chevalier courtois ne sont pas terminées : Guenièvre paraît indifférente. Lui-même, en allant chercher Gauvain, est capturé et passe pour mort. La reine en apprenant la nouvelle se morfond tandis que de son côté, croyant que sa bien-aimée est morte, Lancelot veut se pendre. Il est sauvé de justesse puis conduit vers la reine qui, cette fois, lui fait bon accueil. Tous les deux parlent longuement mais Lancelot ose avouer qu'il souhaiterait « s'entretenir plus à loisir » avec la dame de son cœur. Celle-ci indique une fenêtre où la nuit elle se tiendra et où ils pourront se joindre, mais seulement « par la voix et par la main », tandis que tous dormiront. Guenièvre insiste, précisant qu'ils ne peuvent se retrouver dans sa chambre parce que le sénéchal Keu, récemment blessé, couche sur le seuil, et elle exhorte Lancelot à la discrétion.

Les heures paraissent s'écouler lentement. Dès que le soir arrive, Lancelot pénètre par une brèche du mur dans le verger d'où il apercevra la reine à la fenêtre et pourra converser avec elle. Shakespeare se souviendra à son tour du poète champenois lorsqu'il écrira la fameuse scène nocturne du balcon entre Roméo et Juliette. Guenièvre se montre à la fenêtre, derrière de gros barreaux de fer : elle est vêtue de blanc et de rouge, on dirait une apparition. Ils se saluent, se rapprochent, joignent leurs mains, mais un désir fou les brûle. Lancelot ne supporte plus d'obstacle supplémentaire et il entreprend, avec l'accord de sa bien-aimée, d'extraire et de tordre les barreaux de fer. Tandis que la reine s'est retirée dans sa chambre, Lancelot démonte un à un les barreaux et il y met une telle ardeur qu'il s'entaille profondément deux doigts. Les coupures se mettent à saigner, lui n'y prend pas garde. Avec les ailes de l'amour, il franchit la fenêtre pourtant haute puis passe avec légèreté devant le sénéchal endormi sans le réveiller. Et « il s'avance jusqu'au lit de la reine ».

« Rouge encor du baiser de la reine »

Ici commence la merveille de la nuit vermeille. Donnons la parole au poète : « Devant elle il s'incline, en une adoration, car il ne croit autant aux plus saintes reliques, mais la reine lui tend les bras à sa rencontre, elle l'enlace, et l'étreint contre sa poitrine, elle l'attire à elle dans son lit et lui fait le plus bel accueil qu'elle puisse jamais lui faire, car il jaillit du cœur et de l'amour... » Tout en évoquant la douceur et la fièvre d'un amour partagé, la joie et le plaisir qui illuminent les deux amants qui longtemps se sont attendus et désirés, qui se sont mérités, Chrétien de Troyes revêt d'un voile de silence l'étreinte sacrée et secrète que la nuit enchâsse comme un joyau.

Au matin, Lancelot doit partir, c'est un douloureux arrachement. « En partant, il s'est prosterné devant la chambre, en agissant comme s'il était en face d'un autel... » Il franchit à nouveau la fenêtre, remet les barreaux à leur place, puis s'éloigne. À ce moment seulement il s'aperçoit que ses doigts sont écorchés.

Ses blessures ont saigné durant la nuit et les draps de Guenièvre sont tachés du sang rouge du chevalier hardi. Elle-même ne s'en est pas rendu compte et au matin s'endort. Les draps seront peu après montrés comme une pièce à conviction, Méléagant accuse le sénéchal Keu de coucher chaque nuit avec la reine, insinuant que son ardeur a rouvert les plaies dont il était accablé. Bien sûr, le sénéchal proteste de son innocence, de sa loyauté envers Guenièvre qui, elle, prétexte en rougissant qu'elle a saigné du nez. On montre les draps blanc et rouge au roi Baudemagu, il faut rendre justice, et pour défendre le sénéchal contre les accusations de Méléagant, Guenièvre fait appel à son chevalier. C'est ainsi que Lancelot, en défendant l'honneur de Keu, affirme en même temps son amour flamboyant et secret pour la reine.

Le récit continue qui se terminera par le retour de Guenièvre à la cour d'Arthur, lors de la fête de Pentecôte. Et, selon une continuation du roman, après avoir été emmené en captivité dans une tour en bord de mer, Lancelot est délivré puis, lors d'un combat décisif, tranche la tête de Méléagant.

Adoration

C'est l'unique nuit qui nous est contée entre le parfait chevalier et la reine magnifique. Et toute la scène baigne dans le sacré, auquel le sang frais participe, évoquant irrésistiblement la Cène où Jésus donne à manger son corps et à boire son sang. Il n'est pas question de blasphème. Avec une finesse incomparable, le romancier courtois protégé par Marie de Champagne prend pour véridiques les paroles de l'apôtre Paul disant que le corps est un temple.

Adoration : il n'y a pas de différence entre un amour extatique pour un être et la passion mystique pour Dieu. Dans la tour du royaume de Gorre, le monde terrestre rejoint le monde céleste, le divin et l'humain s'enlacent et la chambre de Guenièvre devient un sanctuaire. Avant d'y entrer, Lancelot se prosterne et lorsqu'il en doit partir à l'aube, à nouveau il s'incline : devant la reine, mais surtout devant le Mystère d'Amour dont tous deux furent les célébrants.

Le mot employé par Chrétien de Troyes pour décrire l'attitude intérieure du chevalier est puissant puisqu'il parle d'« adorer ». En ancien français d'oïl, le terme *aorer* brille d'un éclat particulier. Certes, ce mot vient du latin *ad-orare*, qu'utilise volontiers l'Église et qui désigne une prière fervente ; mais il évoque aussi l'or et le mot hébreu *aor* qui désigne la lumière. Déjà, dans une scène antérieure, Lancelot avait éprouvé ce sentiment numineux en découvrant sur un peigne des cheveux blonds appartenant à Guenièvre : il vénère et adore ces cheveux, plus précieux à son cœur que l'or étincelant. Toute la *Fin'Amor* se réfère secrètement à l'or : la qualification de *fin*, à savoir « pur », « parfait », s'applique autant au métal rare qu'à l'or alchimique et à l'amour sublime. Les amants courtois s'affinent par le long désir, avant de briller de tous leurs feux lorsque leurs « fins » cœurs et leurs corps s'unissent.

Ainsi, dans la nuit noire apparaît une femme en chemise

blanche que recouvre un manteau de soie écarlate ; et l'homme saigne rouge à la fenêtre puis dans les draps très blancs de la reine. Entre ses bras aussi. Par l'adoration, l'amant a fait resplendir la nuit qui devient or et lumière, et au matin, la merveille vécue dans la joie et le secret est attestée par la couleur vermeille qui flamboie dans le lit.

L'Esprit d'Amour

De même que Chrétien de Troyes fait rimer *aorer* et *enorer*, « adorer » et « honorer », où brille l'or au centre, il rapproche la merveille et le vermeil, qui désigne la couleur rouge. Ce n'est ni une rime facile ni un jeu de lettré. Le poète plein de sagesse et sans nul doute versé en alchimie veut dire que l'amour vermeil est le miracle – l'amour qui incendie le cœur et le fait saigner. La parfaite chevalerie est d'Amour, elle accomplit toute sa geste sous le ciel de l'Esprit. Voilà pourquoi tant de récits des XIIe et XIIIe siècles dédiés à la quête du Graal insistent sur la fête de la Pentecôte. Rouge est la couleur dévolue à l'amour passionné, et d'un rouge éclatant resplendit l'Esprit Saint. Aussi les chevaliers au « cœur d'amour épris » – d'« Amour Esprit », selon l'allusion de René d'Anjou – combattent-ils avec des armes merveilleuses et vermeilles : armes invisibles plus qu'invincibles, puisqu'elles concernent un combat intérieur ; armes rouges de ferveur et de sang. Rouge est l'écu de messire Gauvain, comme celui de Lancelot, et Perceval se désigne comme le Chevalier Vermeil.

La parfaite courtoisie, à l'égale de la parfaite chevalerie, se célèbre dans le même Esprit d'Amour. Le corps n'y est pas absent mais le cœur a la précellence. L'Or spirituel ne peut mûrir et se parfaire que dans un Cœur éveillé et purifié dont le corps à son tour manifestera la lumière. C'est ici la phase ultime, solaire, de l'Œuvre alchimique, dénommée *rubedo* ou « rubification ». Dès lors – dès l'Or –, il n'est plus de différence entre les Mystères d'en haut et ceux d'en bas : l'amour de Lancelot et de Guenièvre, comme celui que chante le Cantique des cantiques si commenté au XIIe siècle, est équivalent à celui que le Christ éprouva pour les hommes, il en a la beauté et le mystère. Il est une oblation parfaite, d'où le sang versé ici et là, sur la Croix et dans les draps, il recèle une valeur mystique de transfiguration et de salut.

Que le poète champenois sous-entende cela n'a rien d'un sacrilège : il restitue plutôt dans son climat sacré l'amour qui unit un homme et une femme au cœur éveillé. Il est bien dommage que les religieux et les laïcs de son temps l'oublient, les premiers en faisant de l'amour un péché ou un moyen de procréer, les autres en le réduisant à un commerce charnel, à un plaisir passager. Je suis persuadée, du reste, que l'Église a inventé au XIIe siècle le sacrement du mariage pour répondre à la *Fin'Amor* qui glorifiait l'étreinte et qui la célébrait, dans le *joy*, en se passant de tout clergé et de tout assentiment social.

Le sacre de la nuit

Les mots choisis par Chrétien de Troyes sont audacieux. Avant de rejoindre la reine en son lit, Lancelot s'incline en une adoration qui dépasse toute vénération religieuse devant un *cors saint* : ce terme désigne habituellement des reliques, mais il dit ici sans ambages ce que l'amante est à l'amant. À l'issue de la nuit, Lancelot se prosterne sur le seuil de la chambre comme il le ferait devant un autel et il se déclare lui-même, tant sa douleur de partir est vive, un martyr. Adoration, corps saint, autel, martyr, tel est le climat d'une nuit lumineuse où se répand le « précieux sang ». L'étreinte des amants s'élève tel un cantique dans la haute tour qui se trouve dans le royaume de Gorre, c'est-à-dire de Verre : tout cela est transparent, les allusions fort claires, pourtant le profane n'y saisira rien qu'histoire jolie ou délit d'adultère...

À la façon dont le martyr chrétien donne sa vie pour témoigner de sa foi, Lancelot, à la suite de Tristan, verse son sang de martyr d'amour. Mais si le chrétien est louangé, les « fins » amants se trouvent blâmés et accusés en raison du sang vermeil. Pourtant, il s'agit d'une même marque d'amour fou et irrémédiable.

Dans les deux scènes de *Tristan* et de *Lancelot*, les témoins oculaires regardent ébahis, avec leurs yeux de chair, les taches rouges sur les draps blancs, poursuivant leurs misérables inquisitions sans apercevoir la merveille. Du sang, ils ne voient que la matérialité et, de la navrure qui l'a répandu, ils tirent une conclusion navrante... Tous sont de faux témoins. C'est le sang, précieux sang issu de la blessure vive, qui témoigne devant eux d'un Amour interdit. Non pas un amour condamné par la morale et la religion comme mauvais et adultère, mais un Amour sublime qui leur demeure inaccessible.

Dans la tour élevée du royaume de Verre, le chevalier et la reine se sont faits librement prisonniers de l'Amour et leurs « corps saints » communient l'un à l'autre. Est-ce folie, est-ce hérésie, ou Haut Savoir ?

Le verre est matière délicate qui peut être traversée et brisée. Ainsi du cœur du parfait amant Lancelot qui répandra son sang. Il ne peut y avoir transparence du cœur si celui-ci n'a d'abord été transpercé de douleur, avant d'être traversé par la Lumière de l'Amour.

Le sang sur la neige

Le motif du sang éclatant va faire une nouvelle apparition dans le dernier récit que composa Chrétien de Troyes et qu'il laissa inachevé. Perceval en est le héros. Au début de l'histoire, il est un jeune garçon élevé par sa mère veuve dans une forêt sauvage. En suivant des chevaliers à la cour du roi Arthur, le jeune homme va commencer un apprentissage qui le conduira, à travers diverses rencontres et épreuves, sur la voie du Graal. Dans le château de Beaurepaire, il fait la connaissance de la belle Blanchefleur, dont il s'éprend aussitôt et dont il fera son épouse. Pourtant un jour Perceval s'éloigne, il s'inquiète pour sa mère qu'il a quittée depuis plusieurs années sans lui avoir montré son affection ni sa reconnaissance. Dans ce voyage solitaire, il fait halte dans un château où le reçoit avec générosité un roi noble mais blessé au point de ne pouvoir tenir debout. Durant le dîner, il assiste sans mot dire à une scène étrange qui montre le cortège du Graal. Je développerai cette scène dans le dernier chapitre mais, outre la plaie cruelle dont souffre le roi, le sang y est présent puisque les jeunes gens du cortège portent une lance qui saigne, un « graal » d'où émane une lumière incomparable, et un tailloir d'argent. Perceval ne pose aucune question mais, le lendemain matin, à son réveil, il ne retrouve plus ni la vaste salle ni le château qui s'est véritablement volatilisé.

Continuant malgré tout sa route, Perceval combat l'Orgueilleux de la Lande, dont il triomphe et qu'il envoie comme prisonnier auprès du roi Arthur. Le souverain ignore encore l'identité du chevalier mystérieux qui un jour apparut à sa cour en portant des armes vermeilles. Il décide donc d'envoyer des gens pour aller le quérir. Mais lorsque les envoyés arrivent, ils trouvent Perceval totalement absorbé dans une vision dont ils ne peuvent le distraire. Successivement Sagremor puis le sénéchal Keu tentent d'arracher Perceval à sa contemplation, à sa béatitude, mais en vain. Plusieurs heures s'écoulent, et c'est Gauvain qui pourra enfin converser avec le chevalier à peine sorti de son extase.

Le ravissement dans lequel Perceval est entré est dû à une image forte et simple : trois gouttes de sang sur la neige fraîchement tombées. Dans le ciel étaient passées des oies sauvages que poursuivait un faucon. L'oiseau de proie avait réussi à s'emparer d'une oie qui avait chu à terre, blessée au cou, puis qui avait repris son vol. De la blessure avaient jailli ces trois gouttes de sang frais. En les voyant, Perceval pense aussitôt à son épouse, à son teint, ou plutôt c'est le visage lointain de Blanchefleur qui se manifeste en une vision de toute beauté bien que furtive. La neige va fondre et les gouttes s'effacer. Tant que persiste l'image, le chevalier, semblant dormir debout sur sa monture et appuyé sur sa lance, demeure dans l'éblouissement.

Contrairement aux caillots de sang que découvrit la

femme de Barbe-Bleue dans le cabinet interdit, contrairement au sang séché qui est noir et mort, le sang rouge qui coule puis s'évapore est une image majeure de la Vie. Image intense et imprenable par laquelle se manifeste de façon fulgurante l'Essence de toutes choses.

Un mystérieux blason

C'est une contemplation mystique autant qu'amoureuse. La blessure, la lance, les gouttes de sang sont présentes dans cet épisode comme elles furent signalées dans l'épisode antérieur du cortège du Graal. Des liens subtils sont ainsi tissés entre la Coupe lumineuse, salvatrice, et le visage de l'aimée, entre l'Amour christique et la *Fin'Amor* qui tous deux rayonnent à partir du Cœur. Perceval, durant ce ravissement, savoure l'Amour qui est Présence, qui est partout présent mais que nul ne peut retenir plus que neige qui fond. Il revit aussi le déchirement de la séparation, la blessure que cause l'insaisissable, le merveilleux amour. L'oie sauvage est tombée puis elle a repris son essor : n'est-ce pas la blessure vive qui lui permet de continuer de voler haut et loin, jusqu'à sa terre natale ?

Il est impossible d'épuiser le sens de cette image rouge et blanche que se plaira à reprendre et à développer Wolfram von Eschenbach quand il écrira au début du XIIIe siècle son *Parzival.* L'auteur allemand précise que la neige est tombée durant la nuit, mais hors saison, puisque c'est le mois de mai, le temps de la Pentecôte. Les trois gouttes de sang dessinent un triangle à la pointe tournée vers le bas qui évoque aussitôt pour Parzival le visage de son épouse et l'emplit d'un « tourment doux-amer ». Wolfram insiste sur les deux images qui se superposent dans la vision du chevalier : celle du Graal et celle de la femme aimée. Deux faces d'un même Amour. D'un Amour très rare, à la fois proche et lointain, d'un Amour qui se donne à la faveur de la neige ou d'un rayon de soleil, comme naturellement, mais échappe irrémédiablement et devient à douleur. Cet Amour ineffable, éclatant comme le sang et brûlant comme la neige, Perceval-Parzival, en cet instant d'éternité, sait qu'il ne lui sera jamais retiré et qu'il l'accompagnera tant que lui-même restera en quête. L'Amour veille sur le Chevalier célestiel tant que celui-ci le garde vigilant en son cœur. On peut nommer inoubliable un amour qui ne se perd ni ne se garde, un amour qui vient de l'éternité et, par un vol zélé, un cœur ailé, y retourne.

Nativités

Les frères Grimm reprendront à leur façon les éléments magiques et mystiques de cet épisode en contant l'histoire de Blanche-Neige. Par un jour d'hiver, alors que la neige tombe, la Reine coud devant sa fenêtre dont le cadre est en ébène. Elle se pique un doigt et trois gouttes de sang jaillissent qui se déposent sur la neige. La Reine s'écrie : « Puissé-je avoir une enfant aussi blanche que la neige, aussi rouge que le sang, et aussi noire que le cadre de la fenêtre ! »

Les trois couleurs alchimiques reviennent immanquablement : *nigredo, albedo, rubedo*. On dira aussi : la nuit, le jour et l'éternité ; l'ignorance, la quête de clarté et le salut.

De même qu'il est des plaies qu'il convient de refermer et des blessures qu'il est beau de laisser ouvertes, il y a un sang noir et mauvais, signe de mort, et un sang rouge qui est amour et vie, qui est lumière. En ce monde sublunaire, les hommes répandent par leurs conflits, leurs violences, le sang noir et maléficié. Il a été donné aux femmes, quelle que soit leur élévation spirituelle, de verser durant leur existence trois sangs différents, pleins de vie : sang mensuel, sang de la défloration et celui de l'accouchement. Tous les trois président à l'alliance et à la fécondité, tous donnent vie ou régénèrent.

Durant une nuit d'amour sans pareille, Tristan ainsi que Lancelot répandent chacun un sang vif qui rougit les draps et paraît témoigner d'une virginité nouvelle, d'une fécondité spirituelle. Voici que se lève un monde nouveau, lorsque certains chevaliers passionnément épris versent un sang de vie, ou lorsqu'un homme, tel Perceval, contemple sur la neige fugace les trois gouttes merveilleuses qui sont traces du visage aimé. Voici que le voile se lève, faisant passer de la *semblance* à la *senefiance*, de l'apparence des choses au sens caché que recèle toute réalité.

Les considérations physiologiques sur le sang féminin ne sont pas une explication, mais elles donnent à voir le bouleversement total qui conduit l'homme ordinaire à une nouvelle naissance. Tristan, Lancelot, grâce à l'amour d'Iseut, de Guenièvre, mais d'abord grâce à l'Amour qui les fit se rencontrer, renaissent spirituellement dans le sang. Et je ne peux m'empêcher d'entendre dans le récit de Chrétien de Troyes une fine allusion lorsque Guenièvre, pour disculper son sénéchal, affirme à deux reprises que c'est elle qui a saigné du nez (*nés*, en langue d'oïl) : deux fois nez, deux fois né. Tel le parfait Amant, l'Homme nouveau.

Éblouissement

Dans *La Flamme double*, qui est un essai sur l'amour, Octavio Paz écrit : « Le baume qui cicatrise la blessure du temps se nomme religion ; le savoir qui nous amène à vivre avec notre blessure se nomme philosophie. » J'ajouterai : et la haute folie, ou amour fou, qui nous fait *vivre de notre blessure*, se nomme mystique. Tous les récits et les textes invoqués dans ces pages le disent avec splendeur. Loin d'être ressentie comme une humiliation, une souffrance, la blessure que portent les amants courtois et les mystiques fervents est un honneur et une grâce.

Il n'est pas question de se consoler, de se résigner ni de s'enorgueillir de ses plaies. L'unique quête se mène dans le secret, dans le silence profond de l'être, et elle exige de se battre au nom de la blessure incomparable de l'Amour.

On reconnaît la blessure d'amour à ce qui d'elle irradie. Ce n'est plus une douleur, mais un jaillissement de lumière née de la nuit la plus incompréhensible.

Dans un poème magnifique, Hâfiz de Shîrâz fait entendre qu'il est un *très haut degré d'amour qui surmonte tout chagrin* mais qu'il faut passer par l'immense blessure et s'y abîmer. En voici quelques stances :

> « Toi, parti loin de mes regards, toi l'en-allé, que Dieu te garde. Tu m'as brûlé l'âme et pourtant, je t'adore, je t'appartiens. [...]

Cent torrents de pleurs ont coulé de mes yeux jusqu'à ma poitrine, je rêvais aux graines d'amour que j'allais semer dans ton sein.
L'aimé d'amour versa mon sang. Du chagrin d'amour il me sauve. Je salue ses yeux effilés, ici le poignard de ma fin... »

L'immense blessure devient éblouissante lorsque par elle l'Amour se révèle plus puissant que tout – plus que peines et tourments, vengeance et pardon, chagrin et désespoir, lorsque par elle l'Amour répand sa Lumière.

VII.

Arracher la bénédiction

« Je me pose la question : si l'inaccessible se nourrit de ce qui est en moi et si l'éternel se bâtit son éternité avec ma personne, qu'y a-t-il donc encore entre la divinité et moi ? »

HUGO VON HOFMANNSTHAL

Longue est la nuit des lutteurs de Dieu.

Depuis vingt-huit siècles que l'épisode en a été transcrit dans la Bible, le combat de Jacob avec celui que l'on est convenu de nommer l'Ange a inspiré de très nombreux artistes et suscité de multiples commentaires : c'est dire que le combat se poursuit et qu'il continuera, en passant le relais, jusqu'à la Fin des Temps, jusqu'au triomphe définitif de la Lumière.

Rappelons le contexte dans lequel se déroule cette scène puissante et mystérieuse que décrit la Genèse (32, 23-33). Fils de Rébecca et d'Isaac, Jacob a un frère jumeau, Esaü, qui est né juste un peu avant lui. De nature rusée, Jacob obtient sans difficulté de son frère le droit d'aînesse puis usurpe la bénédiction de son père. Quittant la terre familiale, il va s'engager chez son oncle Laban et travaille pour lui durant vingt ans. Il y rencontrera des peines mais aussi quelque douceur, épousera Léa puis Rachel qu'il aime tendrement, deviendra père de onze enfants nés de ses épouses et de ses concubines.

Un jour, il rentre au pays, avec ses femmes et ses enfants,

ses troupeaux, ses serviteurs, et toutes les richesses durement acquises pendant vingt ans de labeur chez son oncle. Durant ce temps, Esaü a-t-il oublié sa colère, lui qui se sait doublement spolié ? Prépare-t-il une vengeance redoutable ? Pour calmer la violence de son frère, Jacob a prévu des cadeaux, mais suffiront-ils à transformer un chasseur, un homme sauvage, en ami ? Les messagers envoyés en ambassade ont dit à Jacob qu'Esaü arrivait à sa rencontre, ayant avec lui quatre cents hommes. De quoi avoir grand peur. Et voici que la nuit tombe sur les tentes et les troupeaux, faisant frissonner les femmes et les enfants, voici que la nuit enveloppe Jacob.

Un singulier combat

La Genèse raconte : « Cette même nuit, il se leva, prit ses deux femmes, ses deux servantes, ses onze enfants et passa le gué du Yabboq. Il les prit et leur fit passer le torrent, et il fit passer aussi tout ce qu'il possédait. Et Jacob resta seul. Et quelqu'un lutta avec lui jusqu'au lever de l'aurore. Voyant qu'il ne le maîtrisait pas, il le frappa à l'emboîture de la hanche, et la hanche de Jacob se démit pendant qu'il luttait avec lui. »

Dans la traduction simple et sobre donnée par la Bible de Jérusalem, qui peut être approfondie par l'étude du texte hébraïque et les commentaires de la Kabbale, on comprend que le combat est long, violent, qu'il n'y a nul échange de paroles et que l'adversaire n'a pas plus de nom que de visage. Jacob ne voit rien, il ne sait rien d'autre que son devoir de lutter. Un devoir surhumain.

Il n'est pas mentionné d'ange, bénéfique ou malveillant, mais seulement « quelqu'un », en hébreu *Ish*, « un homme ». Selon les interprétations, selon les religions, ce « quelqu'un » sera appréhendé comme un ennemi, un ange de la mort, un adversaire, voire Dieu lui-même ; et on verra tantôt que Jacob lutte contre quelqu'un, tantôt avec lui. Ce que mentionne le texte hébraïque, c'est que les deux personnes en présence sont « empoussiérées » (un mot qui n'apparaît qu'une seule fois dans toute la Torah) : on peut comprendre qu'elles ont roulé sur le sol ou bien, par leur acharnement, ont fait lever des nuages de poussière. Avant d'être frappé à la hanche, Jacob s'est sali, a été terrassé, le respectable patriarche a mordu la poussière.

Ce combat serré, opiniâtre, où nul ne relâche l'autre et que la nuit protège est un affrontement et un enlacement. Le corps à corps fiévreux exprime une lutte, mais non moins une danse où la force finit par ployer sous la grâce amoureuse – et le coup de grâce est donné à la hanche, lorsque paraît l'aurore. Jacob en restera boiteux pour le restant de ses jours. Cette marque ne signifie ni qu'il a été vaincu, puisqu'il est vivant au petit matin, ni qu'il a triomphé, mais qu'il y eut entre lui et l'Autre une rencontre grandiose qu'il ne peut effacer.

Fabrique d'un ange

Jacob est touché, blessé, par « quelqu'un » qui, sur sa requête pressante, le bénira et lui donnera un nouveau nom, Israël, « celui qui a lutté avec Dieu ». Il est à jamais marqué, au creux de la cuisse, par « quelqu'un » qu'il ne voit pas mais dont il ressent la présence, « quelqu'un » qui ne dit pas son nom et paraît s'évaporer lorsque le jour se lève. Ces indications ont donné à penser à plusieurs commentateurs que cette lutte s'était déroulée en rêve, puisque le même Jacob avait déjà été gratifié d'un grand songe en voyant l'échelle céleste sur laquelle montaient et descendaient des anges.

Pour moi, ce « quelqu'un » sonne étrangement comme « personne ». Il ne s'agit pas d'un rêve, où la conscience est en berne, où l'imagination vagabonde, mais d'un événement capital qui se passe à l'intérieur de soi, au plus secret de la conscience ou du cœur, qui demeure donc invisible.

Dans la nuit du Yabboq où Jacob chargé de femmes et d'enfants est renvoyé à lui-même, renvoyé ou plutôt *élevé à sa solitude*, où il étreint une Force grandiose qui le blesse et le bénit tout à la fois, il n'y a personne, et il y a Personne.

On se rappelle dans l'*Odyssée* l'épisode où Ulysse, qui n'est pas moins rusé que Jacob, se sauve de la caverne du cyclope Polyphème après avoir crevé son œil unique. Au cyclope plongé dans la nuit de la cécité, qui lance cris et malédictions, Ulysse déclare s'appeler Personne (en grec *outis*). Ainsi, lorsque les compagnons de Polyphème lui demanderont qui a causé ce mal irrémédiable, le géant répondra que c'est personne... Le jeu de mots est possible en plusieurs langues, ainsi le grand écrivain portugais amateur d'hétéronymes se sentait fier finalement d'avoir reçu Pessoa (Personne) comme nom de naissance. Et le célèbre poème de Paul Celan fait surgir, impalpable et réelle, « l'absence de tous bouquets » dont rêvait Mallarmé :

« Loué sois-tu, Personne.
C'est pour te plaire que nous voulons
fleurir.
À ton
encontre.
Un Rien,
voilà ce que nous fûmes, sommes et
resterons, fleurissant :
la Rose de Néant, la
Rose de Personne. »

Sans nul doute, l'Absent est le qualificatif qui convient le moins mal à l'Absolu qu'aucun homme ne peut saisir ni retenir. De la même manière, la marque ineffaçable – cicatrice sur la cuisse d'Ulysse, boiterie de Jacob – est l'humain témoignage d'une rencontre essentielle, inscrite pour toujours, mais qui ne peut se dire qu'en creux, en manque.

L'autre rive

L'Absent est l'infini Désiré, celui qui toujours manque et assoiffe, que parfois l'on croit tenir de près, même serrer dans ses bras, mais qui au matin nous laisse décontenancé sur la rive terrestre parce que le temps n'est pas accompli – notre durée d'existence ou les temps d'obscurité précédant l'Apocalypse. Et il faut retourner vers ses tâches terrestres, vers sa famille, ses proches désormais si lointains, il faut faire prospérer ses biens, tout en sachant – d'où le déchirement du cœur, la hanche disloquée – que là n'est pas l'essentiel, que c'est un temps d'attente et une œuvre à parfaire, tout en sentant que l'Absent nous fait vivre réellement – mais à qui le confier, et à qui le montrer, ce Personne qui agit incognito, cet Absent qui m'assaille dans la nuit tandis que tous dorment et qui fulgure aussi d'un éclat d'aurore ?

Le coup porté à Jacob touche le nerf sciatique qui relie le talon (origine du nom même de *Jacob*, « qui supplante, qui tient par le talon ») à la hanche (que frappe l'inconnu). La douleur doit être vive, quelque chose d'ancien a été réveillé. C'est le nerf de la guerre, si l'on veut, mais d'une guerre intérieure. La blessure faite au creux de la cuisse rappelle l'infinie perte de la Transcendance : c'est une douleur lancinante et une nostalgie. Jacob a fait traverser le gué à ses femmes, à tous ses gens, à sa nombreuse progéniture. Il a sauvegardé le troupeau charnel, sa descendance de patriarche. Mais il est promis à un autre destin, éveillé dans la nuit du Yabboq à un manque essentiel, relié à sa nature divine et éternelle.

Nous avons déjà mentionné que tout ce qui touche la cuisse ou la hanche concerne les parties viriles et le pouvoir de procréer : pour Jacob, déjà chargé de onze enfants, il s'agit de passer à une autre fécondité, à enfanter selon l'Esprit, à se rattacher à sa lignée céleste. La cuisse est aussi le lieu du serment : c'est là que les Anciens plaçaient leur main en guise d'engagement, de parole donnée. L'adversaire que l'on a nommé Ange, au sortir de la lutte nocturne, échange avec Jacob un serment qui reste inscrit dans le creux de la hanche. Désormais, le lutteur de Dieu sera boiteux, hésitant dans sa démarche entre le pied et l'aile, oscillant entre la créature terrestre et la figure angélique :

il est encore un homme, mais il est en allé, il a pris son essor après avoir roulé dans la poussière du monde.

Frapper et bénir

Tel est le paradoxe dont les récits initiatiques sont coutumiers afin de faire sentir une autre réalité : c'est parce qu'intérieurement Jacob s'est relevé, redressé, lui le rusé, l'esprit tortueux, que pour les autres hommes à présent il paraît claudiquer. Il n'est plus adapté à ce monde, il ne marche plus comme le commun des mortels, fiers de leurs deux jambes qui désignent pourtant une dualité. Jacob a franchi un seuil dont il portera la marque tout le reste de ses jours. Aussi reçoit-il un nouveau nom en même temps qu'une bénédiction. Il obtient tout ensemble, juste avant le lever du jour, la blessure, le nom, la bénédiction. Il a gagné son ciel avec douleur, à l'arraché, en s'arrachant à lui-même, à ses racines terrestres, et il n'a rien gagné. Mais il a vu l'aurore se lever.

Le coup reçu est une bénédiction. La main de Dieu est si puissante qu'elle blesse en bénissant et qu'en frappant elle bénit. Ce qu'exprimera saint Jean de la Croix en commentant la chanson de l'âme intitulée *Vive flamme d'amour* : « Ô Vie divine, tu ne tues que pour donner la vie et tu ne blesses que pour guérir. Oui, tu m'as blessée pour me guérir, ô divine main ! Tu as donné la mort à ce qui me tenait dans la mort... »

Comme tous les combats spirituels, la lutte nocturne de Jacob ne sert à rien de particulier, mais elle sert un Absolu. Elle est à la fois indispensable et gratuite. Même si Jacob en sort physiquement amoindri, elle se mène à égalité : ni l'un ni l'autre ne l'emportent. Cela ne veut pas dire qu'ils sont identiques mais de force équivalente. Jacob est de taille à lutter avec l'Autre, de taille à rencontrer, à enserrer l'Absent. Telle est sa grandeur d'homme qu'il découvre, qu'il met au monde au plus noir des ténèbres.

Un adversaire est quelqu'un de précieux parce que, grâce à la différence, à la confrontation, il permet à son interlocuteur de se préciser, de s'affermir et de s'affirmer. Loin d'être un ennemi, un adversaire est un allié possible et, d'abord, quelqu'un avec qui engager le dialogue, la lutte. Il est celui qui permet d'aller vers l'unité parce qu'il offre à l'autre d'être lui et à lui d'être l'autre, tour à tour. Ce combat est beau, qui semble enlacement. Un adversaire – pour Jacob, pour chacun – est souhaitable parce qu'il permet à tout homme d'advenir à sa véritable dimension : aussi la taille, la puissance de l'adversaire renseignent-elles déjà sur la mesure de celui qui l'affronte. Et, ajouterai-je, la blessure dont il blesse est à la mesure de sa bénédiction, et réciproquement.

Un nom nouveau

Durant l'interminable nuit où Jacob est seul sans pourtant être seul, puisque non loin se trouve sa famille endormie, puisqu'il rencontre Personne, ou son Image céleste, son Visage non encore révélé, dans cet esseulement où il va se perdre et se surpasser, il n'y a qu'un enjeu : devenir un. Donc témoigner de l'Un. Jusque-là, Jacob n'a connu ou suscité que la rivalité, la dualité : avec son frère jumeau

Esaü, entre les deux filles de Laban qu'il épouse, entre ses épouses légitimes et leurs servantes qui tour à tour procréent et revendiquent... Et voici l'ultime rival qui est l'autre intime, ce « quelqu'un » qui force Jacob à le connaître et à l'étreindre pour toujours.

Au lever du jour, tandis que l'adversaire mystérieux veut se dégager, Jacob exige d'abord sa bénédiction. C'est alors qu'il est gratifié d'un nouveau nom, Israël, qui en soi est béni puisqu'il témoigne de l'union avec Dieu et avec les hommes. Ingénument, Jacob demande à l'autre quel est son nom à lui, ce à quoi il ne peut être répondu que par le silence de l'union et par la bénédiction qui consacre une alliance.

Il n'est pas de réponse aux questions majeures, touchant à l'être intérieur et à ses mutations. Mais la blessure reçue *répond de la question posée*, et plus celle-ci est juste et acérée, plus la marque s'inscrit profonde dans la chair. Les questions essentielles n'entraînent pas de réponses, encore moins de solutions, mais des *révélations*. D'où le nom nouveau que reçoit Jacob, qui accède à l'état de conscience exprimé par Israël.

Mais quel tumulte intérieur, quelle passionnée patience, avant de parvenir à cette révélation ! Tout l'épisode ne parle que de « passer », de « passage » et de « gué », parce qu'il relate la longue traversée que l'homme doit accomplir pour aborder sur la rive divine. Et il n'est pas de percée vers Dieu qui ne se traduise par une atteinte profonde – pour Jacob, le déboîtement de la hanche, pour les mystiques une flèche dans le cœur. Aussi, dans le parcours philosophique et spirituel qu'il retrace dans sa *Lettre au Greco*, Kazantzaki assure-t-il : « Au plus profond de moi-même, ce que j'ai désiré, tant qu'a duré ma jeunesse, ce n'était pas la guérison, mais la blessure. Depuis a commencé, désormais conscient et sans pitié, mon combat avec l'Invisible. »

C'est toujours de haute lutte que le pèlerin de l'âme reçoit la bénédiction divine, les lumières de l'Esprit. Mais ce n'est pas tant pour lui-même qu'il entreprend le combat périlleux, tandis que dorment les siens, mais bien pour l'Autre, pour attester de « quelqu'un » qui ne le lâche pas et que la plupart des humains ne voient pas. Ainsi Israël est celui qui *combat pour Dieu* autant que pour les hommes, afin qu'advienne dans la conscience aveugle des créatures la Lumière de l'éternelle aurore.

Gagner le Ciel

La boiterie de Jacob au lever du jour rappelle une loi spirituelle à laquelle beaucoup d'apprentis chercheurs de Dieu aimeraient se soustraire : il faut perdre quelque chose (d'extérieur, de terrestre) pour accéder à autre chose (d'intérieur, d'immortel). Nul ne peut devenir Israël, l'Homme fort et droit, sans qu'en lui Jacob, le tortueux, ait été amoindri. Notre identité divine s'accroît, se révèle d'autant que notre humaine, charnelle nature est abaissée, mortifiée ou simplement endommagée.

Or nous aimerions tous bénéficier de grâces et de pouvoirs miraculeux sans avoir à passer par les douleurs et les arrachements. De la main divine nous voudrions bien recevoir la bénédiction mais en nous soustrayant à la blessure. Comme si l'on souhaitait avoir dans sa maison de larges et hautes fenêtres qui ne laisseraient passer que les rayons du soleil, non la brume ni la nuit, ou bien un bel escalier qui ne ferait que monter. Dès qu'un individu s'ouvre, il reçoit tout avec la même intensité : plus que d'autres il ressentira la joie et l'amour, plus que tous les autres il ressentira aussi le désespoir et l'horreur.

La lutte de Jacob a montré que blessure et bénédiction sont indissociables dans l'avènement d'un nouveau nom, d'un état de conscience supérieur. Ainsi, l'aurore ne vient pas après la nuit, elle est enclose dans la nuit comme la bénédiction dans la meurtrissure. Elle est déjà là, mais c'est la tâche de l'Homme de délivrer l'aurore de sa matrice de ténèbres et de porter aux yeux de tous sa blessure comme un signe de faveur.

La bataille n'est pas gagnée d'avance. C'est un combat, non un marché « donnant-donnant ». Ainsi, une maladie est une occasion de croître sur un autre plan ; elle ne représente pas un gain céleste déjà accordé, mais en offre la possibilité, le défi. Le dolorisme commet la grave erreur de sanctifier la souffrance en soi et a la faiblesse de penser que toute épreuve est envoyée par Dieu : c'est une façon de rester dans les ténèbres de l'ignorance et de l'inertie. Au combattant spirituel, Dieu ne demande pas de subir et de souffrir, mais d'œuvrer à partir de la maladie, de transfigurer les coups et les blessures qu'apporte l'existence. Et le lutteur sait que, plus il s'arrache à sa nature terrestre, plus il arrache la bénédiction du Ciel en se hissant jusqu'à sa nature divine. Moins il s'établit dans sa condition périssable, plus il s'ancre sur l'autre rive. C'est le combat de toute une vie.

J'aimerais insister ici sur un point important qui permettra une fois encore de distinguer le plan psychologique du plan spirituel ainsi que leurs enjeux respectifs. Depuis plusieurs années, à la suite des travaux de Carl Gustav Jung mal assimilés, on entend principalement parler de la double polarité *animus-anima* et, surtout dans les ateliers de développement personnel, de réconciliation du masculin et du féminin.

Cette réconciliation est souvent présentée comme la fin et la finalité du travail intérieur, ce qui est une imposture. En effet, l'union ou l'harmonie entre les polarités masculine et féminine concerne le plan psychique : elle peut assurer à l'individu une certaine quiétude, un accord avec l'autre sexe, la paix des ménages... mais elle n'est nullement l'équivalent de la naissance spirituelle. Ce qui requiert l'attention et les forces du chercheur spirituel est tout autre et se situe par-delà. Il ne s'agit pas d'un accord horizontal entre *masculin et féminin*, mais d'une union entre *humain et divin*, donc d'une verticalisation de l'être. Naître à l'Esprit, ou faire naître Dieu en soi (comme le disent Maître Eckhart et Angelus Silesius, entre autres), dépasse et perce aussi le plafond psychique sous lequel s'abritent les mortels. C'est ce que Jésus appelle, lors de son entretien avec Nicodème, « naître d'en haut » (Jn 3, 3). Il ne s'agit donc pas, dans une perspective de salut, de ressusciter en individu masculin, ou féminin, ou androgyne, mais de ressusciter de l'Esprit. Mais la plupart des contemporains préfèrent au Royaume divin ce qu'ils nomment sans rire leur épanouissement personnel...

Le magicien borgne

Un dieu des anciens Scandinaves atteste qu'il faut abandonner ses capacités ordinaires, qui semblent pourtant précieuses, afin d'acquérir des pouvoirs subtils. C'est Odinn qui, sous une apparence de vieil homme grisonnant à longue barbe, vêtu d'un manteau et d'un capuchon, s'avère à la fois roi, prêtre, poète et magicien. Il connaît le destin, les runes et les incantations, les transes et les métamorphoses et se sustente uniquement de vin. Par tous ces attributs, Odinn se montre avant tout le dieu de la Connaissance cachée, de la Parole inspirée, de la Vision. Mais pour gagner ces pouvoirs surnaturels, Odinn, tout dieu qu'il est, a dû mettre un œil en gage afin de boire à la source de Mimir (*Mimisbrunn*) qui dispense la sagesse. Cette source jaillit sous l'une des racines du frêne Yggdrasil, qui est l'Arbre du Monde. Quant à Mimir, c'est un géant, ami du dieu, qui a été décapité lors d'une lutte terrible entre divinités, mais dont la tête délivre oracles et secrets. Son nom n'est pas indifférent puisque *Mimir* signifie « mémoire ».

Odinn s'est arraché un œil afin de boire à la source cachée de la Connaissance, afin de partager les secrets des autres mondes. Il n'obtient pas, comme dans un marché banal, la vision et les pouvoirs magiques en échange de son œil. Le mythe nordique permet ces considérations : la blessure sanglante d'Odinn déchire l'écran des phénomènes, elle ouvre sur une perception suprasensible. Se trouvent ainsi liés dans une même résonance le boiteux, tel Jacob qui a presque perdu l'usage d'une jambe dans la bagarre nocturne, le borgne et le manchot. Amoindris selon une perception extérieure, corporelle, ils sont en réalité simplifiés, unifiés. La différence qui existe entre un cyclope et Odinn, qui a sacrifié un de ses deux yeux, est très grande : le cyclope n'a qu'un œil (et s'il le perd, comme Polyphème, il choit dans les ténèbres), tandis que Odinn le borgne avec son œil unique surmonte la dualité et acquiert une perception globale. C'est aussi la distance qui sépare la souffrance aveugle, où se débat le cyclope, d'une blessure qui octroie la vision, comme dans l'histoire d'Odinn.

Certes, on peut affirmer que le don de vision, de prophétie ou de guérison se paie très cher, en constatant que les plus grands saints, les plus grands artistes ont été souvent les plus accablés des hommes. Mais si tous en ont volontiers payé le prix, c'est parce qu'ils savaient que les grâces et bénédictions célestes ne fécondent qu'une terre ouverte, retournée profondément. Il en va ainsi de l'intelligence spirituelle à qui s'ouvrent les cieux et à qui se dévoilent certains mystères divins dans l'exacte mesure où elle-même se dénude et s'offre. Qu'il soit poète ou mystique, un visionnaire traverse l'écran des phénomènes parce qu'il a d'abord été frappé et meurtri dans ses certitudes premières, dans ses possessions matérielles, parce qu'il a été blessé dans le visible et à propos du monde visible.

Si la levée successive des voiles peut s'apparenter à l'arrachement d'un œil ou d'une paupière, l'accomplissement de toute blessure s'avère la transparence. Dès lors, il n'y a plus d'écran entre les autres et soi, entre le monde et soi.

La beauté qui meurtrit

« Ton amour m'a blessé, je marche en te chantant », s'écrie Jean Climaque, l'ascète qui vécut au mont Sinaï au VIIe siècle. Bien d'autres mystiques et de stigmatisés, dont les propos paraissent incompréhensibles au sens commun, reprennent ce chant où s'enlacent blessure et bénédiction.

La main divine qui a heurté Jacob indique en même temps une autre Réalité, elle assomme et éclaire tout ensemble. Dans une lettre qu'il envoie à Damase, saint Jérôme s'exclame : « Puissé-je moi-même être transpercé, et par ce transpercement mériter de voir Dieu ! » La déchirure qui s'est opérée dans la trame opaque des jours en même temps que dans la conscience du chercheur de Dieu ouvre à la vision d'une beauté si désirable qu'elle fait mal. Saint Macaire, l'anachorète d'Égypte, écrit au IVe siècle : « Ils ont été blessés par la divine beauté, et la vie céleste et immortelle s'est infiltrée dans leurs âmes. [...] C'est ainsi qu'ils se libèrent de tout amour du monde et rompent tout lien terrestre. » Ayant bénéficié d'une telle faveur, Gertrude d'Helfta s'enflamme : « Ta délicieuse béatitude, ton admirable beauté, ton noble visage, ton aimable splendeur m'ont blessée d'une blessure tellement suave que voir la lumière de ce monde me pèse. »

Les brûlants poèmes de Hadewijch d'Anvers célèbrent inlassablement la double puissance de l'Amour qui « nous donne blessures et consolations tour à tour ». Qui chemine sur cette haute voie ressent que « les peines d'amour sont un pur trésor » et peut faire sien le désir exprimé par la béguine :

« Je le veux tel qu'il est, peu importe
qu'il soit doux ou cruel, ce m'est tout un. »

Hadewijch la fière, la libre conquérante qui s'avouera conquise d'Amour, emploie dans un poème une image très audacieuse qui rappelle que la naissance spirituelle s'accomplit dans la déchirure et le sang :

« Je souffre, je m'efforce, je tends au-dessus de moi-même,
j'allaite avec mon sang ce Dieu qui naît en moi. »

Du Magnificat au Stabat Mater

La grâce divine tantôt se pose sur un être comme une caresse et tantôt s'abat comme un ouragan. Telle la neige, elle rafraîchit et brûle tout à la fois. C'est ce qui arriva à une jeune vierge de Galilée nommée Marie : après avoir été visitée de l'Esprit, elle a mis au monde l'Enfant divin, mais cette élection va la combler de joies autant que d'incompréhensibles douleurs. Ce qu'évoque la prophétie d'un homme juste et pieux, Syméon, venu au Temple pour voir avant de mourir le Sauveur, encore petit enfant. Après avoir entonné un cantique de louanges et avoir béni les parents de l'enfant, Syméon s'adresse à Marie en annonçant que son fils amènera « la chute et le relèvement d'un grand nombre en Israël », et il précise : « Et toi-même, un glaive te transpercera l'âme ! » (Lc 2, 34-35.) La prophétie s'accomplira lors de la Passion, lorsque Marie, debout au pied de la Croix où agonise son fils, sera broyée de douleur. L'hymne intitulé *Stabat Mater*, attribué au franciscain Jacopone de Todi, rappelle ce qu'on a nommé la Transfixion de Marie :

« Stabat Mater dolorosa... »
« La mère douloureuse se tenait
en pleurs près de la croix
sur laquelle pendait son fils.

Un glaive avait percé
Son âme déchirée,
gémissante et dolente.

Oh, combien triste et affligée
fut cette bienheureuse
mère du Fils unique ! »

Quel écho terrible donné au *Magnificat* que chanta, quelque trente ans plus tôt, une fraîche jeune fille de Nazareth ! Celle qui s'était reconnue bienheureuse et comblée de bénédictions est, au Golgotha, la plus affligée des mères. Ou bien, d'un point de vue divin qui transcende toute image de bonheur et de malheur humains, l'être pur qui s'ouvre au mystère de l'Esprit se trouve par là même « adombré » et « transfixé », j'allais dire : en permanence.

En transposant l'histoire de Marie sur un plan intérieur, je peux dire ceci : l'être humain qui, pour s'être entièrement confié à l'Esprit, annoncé dans l'Évangile par l'ange Gabriel, a porté puis mis au monde l'enfant spirituel et rédempteur, demeure dans la Lumière de l'Annonciation, il s'en nourrit, s'en exalte et peut en rendre grâces – d'où le *Magnificat*, qui est le chant de toute une vie ; mais il est mille fois atteint à l'âme et au cœur durant cette existence en voyant que les humains ne reconnaissent pas, bafouent ou crucifient les œuvres de Lumière et l'enfant de Lumière, il est véritablement transpercé parce qu'il *vit* cette Passion, cette déréliction de la Lumière que refusent les hommes enténébrés.

Le coup de glaive qui traverse l'âme de Marie n'est pas donné par l'Esprit mais il découle du « oui » de Marie, et de tout pèlerin spirituel à l'Ange de Lumière. Redoutable se révèle cet acquiescement qui, d'abord, sonna avec allégresse.

Notre persistante erreur consiste à attendre de Dieu un bonheur humain, une image terrestre de l'inconcevable béatitude. Or plus un être se tourne vers l'Esprit, se met sous la protection de l'Ange, plus il sera mis à mal, dépouillé de toute aide, dans ce monde et par ce monde. Il n'y a pas d'« adombrement » sans « transfixion ».

Extases et tortures

Au chapitre XXIX de son autobiographie spirituelle, intitulée sobrement *Ma vie*, Thérèse d'Avila, gratifiée de nombreuses visions, de transports et ravissements célestes, essaie de relater une expérience intérieure, à laquelle participe le corps, qui culmine avec la transverbération, la blessure au cœur. Elle écrit : « Non, il n'est pas possible de décrire et d'exprimer de quelle manière l'âme est ainsi blessée par son Dieu, non plus que l'excès de douleur qui l'emporte et lui dérobe en quelque sorte la conscience d'elle-même. Mais cette douleur est si savoureuse qu'elle surpasse tous les plaisirs de la vie. L'âme, je le répète, voudrait mourir sans cesse d'un tel mal. L'union de ce tourment et de cette félicité me mettait hors de moi ; il m'était impossible de comprendre comment cela pouvait être. » Puis vient le récit de la transverbération, où un ange darde une flèche à la pointe de feu qui lui traverse le cœur et s'enfonce jusqu'aux entrailles : douleur intense et suavité ineffable. Ce qu'a essayé de restituer, dans sa célèbre sculpture, Le Bernin. Pourtant tout cela reste Mystère. Même s'il y eut, même s'il y a toujours des doctes pour chercher des explications physiologiques et pour évoquer, par exemple, un infarctus du myocarde à propos de la transverbération de la sainte – tandis que d'autres en ricanant réduisent à un orgasme les transports de l'amour divin...

Dans la nuit du 5 au 6 août 1918, le moine capucin Padre Pio (1887-1968) a la vision d'un séraphin qui lui transperce le cœur. Grâce terrible. Quelque temps après, une plaie vive apparaît sur sa poitrine, au côté droit, et chaque matin il faut changer le linge imprégné de sang. Ce sont de « suaves blessures » et de « doux tourments », mais parfois le « martyre atroce » devient insoutenable au point que le moine désire mourir. Il n'a que trente et un ans. Le 5 septembre, il se confie dans une lettre au père Benedetto : « Je me vois submergé par un océan de feu, la plaie qui a été rouverte en moi saigne et saigne continuellement. À elle seule, elle suffirait à me donner la mort mille fois et plus. » Un peu plus tard, il demandera de l'aide, tant la torture est insupportable. « Tout à l'intérieur de moi est pluie de sang », écrit-il, et dans une lettre postérieure il continue : « Je sens en moi un grondement continuel, tel celui d'une cascade, jetant du sang en permanence. » Puis il recevra, comme François d'Assise, les stigmates du Crucifié.

Ces signes extérieurs, non seulement le font cruellement souffrir dans sa chair, mais lui causent de la confusion et une certaine humiliation. Il cherche à les dissimuler aux yeux de ses frères puis à la vue des nombreux fidèles qui se presseront auprès de lui. Cette attitude est d'un grand enseignement. Elle témoigne de l'humilité, de la discrétion de ce saint homme qui a été durant toute sa vie très éprouvé et calomnié. Mais également elle laisse entendre que les blessures spirituelles, y compris les stigmates, sont des signes, non une finalité, non un accomplissement. Et sans nul doute les plaies les plus profondes, les plus irrécusables, sont invisibles, à l'image de la transfixion de Marie, de la transverbération de certains mystiques.

Si la plaie qui saigne constamment, les stigmates qui rappellent la Passion du Christ, ne constituent pas la Gloire de Dieu ni le mérite d'un saint moine, ils peuvent en frayer le chemin. Il ne s'agit donc ni de les exhiber ni d'en demander l'effacement, mais de les supporter jusqu'au bout, de les traverser à la façon dont Jésus traversa la mort avant d'apparaître dans son corps de Résurrection.

Se blottir dans les plaies de Jésus

Si impressionnants et si respectables soient-ils, les stigmates me font penser au tombeau vide du matin de Pâques : l'essentiel est ailleurs. Ce sont des traces, non une fin en soi, mais des traces exemplaires témoignant d'un chemin christique. L'essentiel demeure ce qui les a suscitées.

Seules les plaies de Jésus sont véritablement adorables parce qu'elles sauvent et rédiment. Bernard de Clairvaux conseille de méditer souvent sur elles, d'autres spirituels invitent les fidèles à s'y réfugier, à y entrer comme dans l'arche de Noé ou bien comme dans le Temple.

Dans *Le Pèlerin chérubinique* qu'il rédigea à l'âge de trente-trois ans, Angelus Silesius (1624-1677) écrit :

« Dors, mon âme, dors : dans les plaies du Bien-Aimé
Tu as trouvé sécurité et repos complet. »

Le moine cistercien Guerric d'Igny (≃1080-1157) l'avait précédé : « Qu'est-ce que la plaie dans le flanc du Christ, sinon la porte ouverte au flanc de l'arche pour ceux qui seraient préservés du déluge. [...] Il ne s'agit plus ici de sauver la seule vie mortelle, mais de recouvrer l'immortelle. »

Plus véhément, saint Pierre Damien dit du Crucifié : « Sa chair est percée d'une quintuple blessure afin que nous puissions être guéris de l'irruption des vices qui entrent en nous par les cinq sens. » Ces paroles ne veulent pas charger l'homme d'une écrasante culpabilité, mais l'exhorter à un incessant perfectionnement.

Les contemplatifs et les mystiques voient dans la plaie au côté que reçut Jésus sur la Croix une porte menant à son Cœur, à son infini Amour. Tel est l'enseignement qu'en tire Ludolphe le chartreux, qui vécut à Strasbourg au XIVe siècle : « Le Cœur de Jésus ayant été blessé d'une blessure d'amour à cause de nous, nous devons conformer notre volonté tout entière à la Volonté divine, accepter en tout et partout les Volontés de Dieu, afin que, lui rendant amour pour amour, nous puissions pénétrer par la porte de son côté jusqu'à son divin Cœur. »

Je prendrai un dernier exemple en évoquant la figure touchante du compositeur Schütz, de confession luthérienne, qui connut bien des deuils et bien des souffrances. En quelques années, il perdit ses parents, son épouse, son frère, puis ses deux petites filles. Il supporta toutes ces douleurs, évoquant simplement à son propos une « existence presque pénible ». Admirable, véritable humilité qui cache ses souffrances et refuse l'apitoiement. Dans les *Musikalische Exequien* (1635) Schütz met en musique des psaumes et des poèmes destinés aux funérailles d'un prince qui aussi bien s'adressent à lui-même :

« Si tu vis pour le monde, tu es mort,
Et tu affliges le Christ de souffrances.
Or, si tu vis dans ses blessures de sang,
Il vit dans ton cœur. »

C'est ainsi que l'on passe de la blessure salutaire à la blessure salvatrice. La première concerne chaque humain qu'elle invite à s'ouvrir ; la seconde, celle du Christ, celle du Divin, est source d'Amour et de guérison. Toute plaie reçue par l'homme peut entrer en résonance avec la blessure divine et s'y désaltérer. Aussi convient-il de ne pas la refermer parce que, si poignante soit-elle, elle offre le remède.

Jacob nous a fait parcourir un long chemin. Et il nous semble qu'elle a beaucoup tardé, sa rencontre décisive avec l'Ange. Vingt ans d'exil et de travaux. Vingt ans d'errance, sans compter les bêtises de l'enfance, avant d'apercevoir les lueurs de l'aurore. Mais, du point de vue de l'Autre, de la céleste Image, un même désir impatient fait entendre ses soupirs : il a mis bien du temps, le petit homme rusé et menteur, à venir me trouver ; il m'a fait tant languir avant de m'affronter face à face sans plus vouloir me lâcher. Il a mis bien du temps avant de recevoir, dans la nuit et tout seul comme un grand, la marque des élus qui est blessure bénie.

Lorsque Jacob, devenu Israël, reviendra au matin vers les tentes, ses gens remarqueront le défaut à sa hanche. Certains le questionneront sur sa démarche claudicante, d'autres riront sous cape. Rien n'est dit de cela dans la Genèse. Mais moi j'imagine que la douce Rachel, la bien-aimée, apercevant son époux qui vient vers elle en boitillant, verra qu'une aile lui a poussé.

VIII.

La Dame à l'onguent

« Je m'appelle Philosophie d'Amour. Je me lamente et je pleure parce que j'ai peu d'amoureux, tandis que ma sœur, Philosophie de Savoir, en a beaucoup plus que moi. »

RAYMOND LULLE

Dans les récits mythiques que nous avons jusqu'ici rencontrés, c'est toujours un homme qui se trouve blessé – d'Ulysse à Tristan, de Jacob à Philoctète. Et c'est une femme, le plus souvent, qui se penche sur les plaies du chevalier et l'aide à se rétablir.

Toutes sortes de questions se posent. Par exemple : si le héros est meurtri, est-ce en raison de sa faiblesse, de son courage, ou parce qu'il a une carapace ? Toute fêlure indique-t-elle que l'homme a à perdre autant qu'à recevoir ? La faille opérée en lui ne rappelle-t-elle pas que, contrairement à l'assertion freudienne, il lui manque quelque chose ? Et pourquoi la femme serait-elle apparemment exemptée de telles blessures ?

Un hiéroglyphe féminin

On peut répondre selon divers niveaux de réalité et d'intelligence. Les explications historiques, sociales, n'empêchent nullement une perception plus fine et plus ample. D'autant que les mythes sont des guides de sagesse. D'un point de vue réaliste, on dira que ce sont les hommes qui vont à l'aventure et au combat, qui font les guerres, tandis que les femmes restent au foyer et n'ont d'autre recours que de soigner les blessés et les mourants. On ajoutera que toute femme porte à la naissance une blessure au ventre, qu'évoque Empédocle en parlant des « ports fendus d'Aphrodite » et sur laquelle médite le narrateur du seul roman écrit par Ionesco, *Le Solitaire* : « Le sexe féminin m'a toujours paru être une sorte de blessure au bas du ventre entre les cuisses. Quelque chose comme un gouffre, mais surtout comme une blessure ouverte, énorme, inguérissable, profonde... » Cette blessure qui saigne et peut enfanter est un emblème féminin, elle attire ou repousse l'individu masculin, elle est tantôt vénérée comme lieu sacré, tantôt maudite comme impure. Marquée en son corps d'une plaie secrète, la femme n'aura pas à recevoir d'autres blessures physiques dans les combats de l'existence ou bien ces marques resteront à leur tour cachées. C'est comme si l'enveloppe corporelle masculine avait à s'ouvrir – mais à qui ? et pour quoi ? – tandis que le corps de la femme, portant d'emblée une déchirure, s'orientait naturellement vers les chemins de la perte et de l'union.

La blessure vive de la femme rappelle que le sexe, dont le nom fut pris au latin *sexus*, évoque une coupure. Le mythe platonicien de l'Androgyne n'est pas loin. La différenciation sexuelle, l'altérité entre un homme et une femme sont ressenties soit comme une *séparation*, voire un déchirement, soit comme une *distance*, un pont d'étrangeté et de désir, un espace de questionnement et de rapprochement. De là naît une vision de l'amour parfait où l'union des amants ne se confine pas à être ensemble mais persiste dans l'absence et dans l'éloignement. Seul le cœur, non le corps, peut ressentir dans la distance autre chose qu'une séparation ; seul le désir du cœur est un pont invisible, non un manque affolant.

Loin de n'être qu'une donnée physique, ce qui est déjà beau, la blessure au ventre de la femme reflète et manifeste des réalités subtiles liées au sang, à la fécondité, à la naissance et bien sûr à l'union amoureuse. À voir le sang vermeil qui d'elle à chaque lune s'écoule, l'amante peut se demander, songeuse : si je saigne, est-ce parce qu'il m'a pénétrée ou parce que de moi il s'est éloigné ? Est-ce pour s'être uni ou bien pour s'être arraché à moi ?.. Ici la phrase de *Parzival* se fait entendre, qui énonce que seule peut guérir la blessure l'arme qui la causa. Mystère de l'union, ou plutôt de la ré-union, qui concerne les amants éperdus autant que l'âme assoiffée de l'Être divin. Au XIIIe siècle, dans *La Lumière fluente de la Divinité*, Mechthild de Magdebourg assure : « L'homme qui à un moment donné est bien blessé du vrai amour ne guérira jamais sauf s'il embrasse la même bouche qui a blessé son âme. »

La blessure qui saigne est trace d'une perte essentielle et rappel nostalgique d'une union ou plutôt d'une unité première. Ainsi s'abîme dans un ravissement mystique et amoureux Perceval à qui trois gouttes de sang sur la neige immaculée procurent une vision de la Beauté qui émane à la fois de la Dame lointaine et de la Divinité cachée. Perceval n'a pas vu Blanchefleur depuis plusieurs années et au château du Graal il a vu sans voir les mystères qui s'y déroulaient. Et voici que le sang d'une oie blessée dans son vol, en se déposant sur la neige éclatante, ravive le désir du Chevalier Vermeil et le renforce dans sa haute quête. Il y a une différence, cependant, qui peut nous plonger à notre tour dans une profonde méditation : Perceval est éloigné, non pas séparé, de la Dame aimée, mais de la révélation du Graal il s'est sans doute coupé, pas seulement éloigné.

La part manquante

En relatant la création d'Ève, la Genèse évoque une Unité scindée en deux. La première Femme est en effet arrachée au côté d'Adam endormi, elle vient d'une blessure faite à son flanc. Cette naissance particulière n'induit pas qu'Ève est inférieure à Adam, ni qu'elle dépend de lui ou lui doit allégeance, mais qu'elle est intimement liée à lui, et lui à elle, dès l'origine. Aussi bien Adam, en voyant Ève au sortir de son assoupissement, s'écrie joyeusement qu'elle est l'os de ses os et la chair de sa chair. Bien vivante, ressemblante, et pourtant distincte. Non plus enclose en lui, mais séparée. Le récit de la Genèse précise que Dieu referma le côté d'Adam puis modela la première Femme. De là à penser que l'homme a tendance à oublier la femme, à se croire entier, beaucoup plus que la femme dont le sexe est ouvert. Si l'homme a oublié le trou à son côté, s'il le nie, toutes les fêlures qu'il recevra dans l'existence n'auront de sens qu'à raviver en lui, qui se croit suffisant, l'image du Féminin perdu.

La Femme est la blessure de l'homme, sa part manquante dont il est parfois éloigné et souvent séparé, à la manière dont l'Être divin manque essentiellement à la créature humaine qui tantôt s'en souvient, tantôt le rejette. Bien sûr, il est question ici du Féminin divin, que toute femme recèle et que la Dame manifeste d'une façon souveraine. Blessure invisible de l'homme, la Femme est seule à pouvoir la guérir, non par des soins concrets mais par une médecine subtile que certains nomment Sagesse d'Amour.

L'onction merveilleuse

Telle est la Dame compatissante ou telle est la Princesse étrangère qui se penche sur le Chevalier blessé, lave ses plaies, les soigne avec des herbes et des onguents, puis les recouvre de pansements. Pour le profane, ce sont des magiciennes, mais au pèlerin meurtri elles indiquent la voie d'une Sagesse cachée qui doit les rétablir. Dans le roman de *Tristan*, la médecine céleste que dispensent la reine d'Irlande et sa fille Iseut la blonde est nettement distinguée de la pratique ordinaire des médecins qui se montrent incapables de guérir la plaie que le héros porte à la hanche. De même, dans le lai de Marie de France, toute la scène où la Dame s'occupe de Guigemar, blessé à la cuisse, baigne dans une atmosphère religieuse. Elle se déroule dans la chambre de la Dame qui, est-il précisé, est contiguë à la chapelle. Aidée d'une jeune fille, la Dame sans nom lave la plaie de Guigemar avec de l'eau contenue dans « deux bassins d'or », puis l'essuie avec une « belle étoffe de lin blanc » avant de la fermer avec un pansement très serré. On assiste à un véritable rituel, qui éveillera le jeune chevalier à l'amour.

Dans *Le Roman de la violette*, que rédigea au début du

XIIIe siècle Gerbert de Montreuil, Gérard, le héros principal, se retrouve couvert de blessures après un combat violent contre Galeran au point de perdre connaissance. Une jeune fille, vêtue d'une simple chemise de lin blanc, accourt vers lui et, voyant le chevalier meurtri, se lamente et pleure. Puis, se penchant, elle essuie de sa main les paupières de Gérard couvertes de sang. Le récit dit : « Sa tunique en devint vermeille. » Le chevalier ouvre les yeux, demande des soins, et la jeune châtelaine s'occupe de lui avec mille précautions, après l'avoir fait emmener par ses gens au château. « On lui fit emplâtres et pansements avec un onguent qu'on tirait d'un pot au parfum agréable. L'onguent avait la limpidité de l'huile, car on l'avait délayé avec de la thériaque. Il possédait de telles vertus qu'il suffit d'en oindre ses plaies pour que beaucoup d'entre elles se refermassent, mis à part les plus profondes qui restèrent ouvertes. » Gérard est lui-même étonné de n'avoir pas succombé aux coups mortels et de guérir si vite. La châtelaine révèle alors son nom, Aigline, et propose son amour au chevalier en même temps que sa terre et sa fortune.

Parfums d'ailleurs

Gérard continuera sa route à la recherche de la femme qu'il aime, Euriaut. Mais sur cette route Aigline, dont le prénom désigne clairement l'oiseau à vue perçante, symbole de l'évangéliste Jean et de l'Esprit fulgurant, s'avère indispensable au chevalier presque mourant. Aigline est Dame d'amour et de sagesse qui verse de l'onguent sur les plaies du quêteur. De quelle nature est cet onguent ? L'étymologie du mot français nous donne un renseignement intéressant puisque le latin *unguentum*, d'où il provient, signifie « parfum ». Il s'agit donc d'une huile parfumée ou d'une essence odorante avec quoi Aigline fera l'onction. Tout le récit de Gerbert de Montreuil peut et doit se lire dans une perspective sacrée et même sacramentelle. La Dame à l'onguent, manifestation de la Sapience, verse sur l'homme en quête, déjà fort éprouvé, les effluves de l'Esprit d'Amour qui apaise et guérit rapidement les tourments endurés. Toutes les subtilités de la Gnose, Connaissance secrète parce qu'intérieure, sont symbolisées par le parfum, suave et volatil, invisible et présent. C'est pourquoi avait été surnommé *Attâr*, c'est-à-dire « le parfumeur », le mystique persan du XIIIe siècle. J'ajouterai qu'en latin, que pratiquaient tous les clercs médiévaux, il peut y avoir un jeu éclairant entre les termes *unguen*, qui désigne l'essence, l'huile parfumée, l'onguent, et *inguen*, qui signifie « aine, bas-ventre ». De l'*inguen* à l'*unguen*, on passe de l'épais au subtil, du charnel au spirituel, ou encore de l'humaine nature qui se reproduit par le bas-ventre au parfum du Divin que l'on ressent sans pouvoir le saisir. Grâce à une science toute particulière, la Dame qui verse l'onguent ou le baume, autre substance odorante, rétablit l'homme en le réunifiant dans sa double nature. C'est ainsi que la déchirure qui éveille au sentiment de séparation, qui est appel et ouverture, risque de devenir mortelle si elle n'est pas apaisée, si elle ne se transforme pas en suture. On entrevoit ici dame Alchimie qui relie la Terre au Ciel et indique à ses adeptes comment par son art d'Amour spiritualiser la matière et incarner l'Esprit.

La chevalerie spirituelle

Il apparaît donc que, dans les mythes de la tradition occidentale et dans les romans de chevalerie qui tous sont initiatiques, le héros masculin représente l'homme mortel, en quête de sa nature divine, tandis que la figure féminine salvatrice représente le Ciel, la Sagesse, ou encore l'Esprit qui est à la fois éveilleur, inspirateur et consolateur. Le héros masculin est l'archétype de l'Humain, la Dame belle et sage l'archétype du Divin. Tout particulièrement, les romans courtois et les récits visionnaires soufis, surtout ceux de la Perse qui éclosent à la même époque, soit aux XIIe et XIIIe siècles, relatent une même dramaturgie sacrée dans laquelle une Dame qui a intelligence d'amour prend soin de son Chevalier blessé et lui enseigne une haute Science que Raymond Lulle nomme « Philosophie d'Amour ».

Il y a une parenté indéniable entre Lancelot, Gauvain, Perceval, et les Fidèles d'Amour que représentent Rûzbehân de Shîrâz, Sohravardî, Ibn Arabî, Hâfiz ; c'est une chevalerie spirituelle et mystique à laquelle se rallieront Dante et ses amis.

Voilà pourquoi, dans les récits que nous avons croisés, c'est toujours un héros masculin qui se trouve blessé, prenant ainsi conscience de sa coupure d'avec l'Être divin. Et voilà pourquoi la Dame belle et sage qui sur lui se penche se révèle guérisseuse et sage-femme : elle lui ouvre les portes d'une autre Vie, elle soulève le voile sur une autre vision. Tout être humain qui s'est mis en marche vers son identité éternelle, vers son Moi transcendant, ressent une déchirure que certains nomment exil. La Sagesse, elle, n'est jamais blessée, elle seule est apte à apaiser les douleurs du voyage, à désaltérer la soif du Fidèle et à offrir ses remèdes souverains qu'ignorent la foule et les doctes. Cette Dame radieuse et consolatrice n'est pas blessée parce qu'elle est une, entière, mais elle peut disparaître si nul ne pense à elle, si nul ne s'oriente vers la Lumière qu'elle reflète, vers l'infini Amour dont elle est médiatrice et dispensatrice.

Il y a, entre la Dame et le Chevalier, un lien essentiel qui est d'*inséparabilité* et qui renvoie à la relation entre la créature et son Seigneur, entre la Sagesse d'Amour et le pèlerin qui cherche dans la nuit. Béatrice est inséparable de Dante comme il l'est d'elle : elle apparaît à l'Amant passionné qui meurt du désir de la voir, mais elle s'occulte et disparaît lorsqu'il perd son ardent Désir. Il a mille fois raison, l'ingénieux hildalgo de la Manche, lorsqu'il affirme : « Il est impossible qu'il y ait un chevalier errant sans dame : pour eux tous, il est aussi bien de nature et d'essence d'être amoureux que pour le ciel d'avoir des étoiles. » Et il agit justement, Don Quichotte, avec la folle raison du cœur, lorsqu'en la paysanne Aldonza Lorenzo il voit et fait surgir Madame Dulcinée du Toboso à qui dans une lettre il s'adresse comme à une « haute et souveraine dame » capable de le secourir, lui, le « blessé dans l'intime région du cœur ». De « souterraine », Dulcinée devient par son amour « souveraine ». Son surnom à elle et son surnom à lui, chevalier de la Triste Figure, désignent l'inverse d'un petit nom affectueux, autant dire une identité supérieure, célestielle. La façon dont le Chevalier errant perçoit sa Dame le hisse dans la lumière ou le laisse dans la nuit, selon qu'il la transfigure par son amour ou la rejette. Ils sont sauvés ensemble ou disparaissent ensemble.

Consolations

Nous voici bien éloignés de la blessure, penseront certains. Assurément, j'ai pris quelque hauteur par rapport à une lecture littérale qui déclare que les hommes sont forcément atteints dans leur corps puisqu'ils sont, en toute société, des guerriers et des aventuriers. Aussi bien les romans de chevalerie invitent à prendre de la hauteur par rapport à la réalité matérielle, à l'histoire événementielle et à la psychologie. À ce degré de compréhension, il n'est plus que blessure spirituelle et guérison d'amour, ou encore blessure venue d'Amour et consolation par l'Esprit.

Dans le roman de René d'Anjou, *Le Cœur d'Amour épris* (1457), le chevalier Cœur sait qu'il n'aura paix ni répit tant qu'il ne rencontrera pas Doulce Mercy, de même que le chevalier de la Manche persiste dans sa noble et douloureuse aventure en invoquant le nom et le visage de Dulcinée. Ici et là, c'est encore la douceur, sous forme féminine, qui réconforte le héros. Douceur que répand la Dame qui oint les plaies du Chevalier.

Il est diverses onctions : pour le corps, l'âme et l'esprit. La Dame au baume soigne l'homme blessé, chu à terre, à la fois par des remèdes, par des gestes et des paroles emplis de douceur, et par le recours à une bienfaisante Sagesse. Elle prodigue ainsi l'Amour sous ses diverses formes : elle est compatissante envers tout être malmené, elle est amante émerveillée et caressante pour celui qu'elle aime, et elle manifeste enfin l'Amour ineffable unissant la Créature à son Seigneur. Dans sa plus haute apparition, que fait surgir le Chevalier spirituel par son ardent Désir, la Dame à l'onguent verse l'huile sainte de l'Esprit.

Le vase de la « pécheresse »

Au début du chant XXXII du *Paradis*, saint Bernard qui devient le guide de Dante vers l'Empyrée décrit la structure de la Rose céleste et prononce en premier ces paroles : « La plaie que Marie oignit et referma, cette femme si belle qui est à ses pieds est celle qui l'ouvrit et la rendit plus douloureuse. » Se référant à la théologie chrétienne, les commentateurs de Dante identifient la femme à Ève, qui n'est pas nommée, et comprennent que la Vierge Marie referme la blessure du péché originel que porte la première femme. Or, s'il est une femme, décriée puis sanctifiée, que les Évangiles montrent versant un parfum rare et inconnu, c'est bien Marie-Madeleine. Si Marie de Magdala n'est pas citée nommément parmi les Bienheureux de la Rose céleste, c'est sans doute parce qu'elle est à la fois Ève et Marie réunifiées.

L'évangile de Luc relate la première rencontre de Jésus avec une femme munie d'un vase de parfum qui n'est pas désignée autrement que comme une « pécheresse de la ville » (Lc 7, 36 sq.) Celle-ci, dont très vite on fit une prostituée, avait entendu dire que Jésus se trouvait chez un pharisien et pour le fêter avait apporté un vase de parfum. La scène est très connue et en fit rêver plus d'un : « Se plaçant alors en arrière, tout en pleurs, à ses pieds, elle se mit à lui arroser les pieds de ses larmes ; puis elle les essuyait avec ses cheveux, les couvrait de baisers, les oignait de parfum. » Le pharisien est choqué, il injurie la pécheresse et veut la chasser, mais Jésus reconnaît en elle une femme au cœur plein d'amour. On sait que, selon la tradition, Marie-Madeleine réapparaîtra, à Béthanie, comme sœur de Marthe et de Lazare et qu'elle réitérera avec du nard le geste inaugural de l'onction après avoir brisé le flacon. Cette scène se déroule également dans le silence, peu de temps avant la trahison de Judas et l'arrestation de Jésus à Jérusalem. Enfin c'est elle, Marie de Magdala, qui la première court vers le tombeau au matin de la Pâque, les bras chargés d'aromates pour embaumer le corps vénéré. En lui apparaissant ressuscité, Jésus la nomme pour la première fois Marie.

Marie de toutes les blessures. Non point vierge ni mère, mais amante éperdue qui connut bien des hommes sans d'eux être connue. Ils ne la plaçaient qu'au niveau dérisoire de leur instinct charnel, de leur maigre convoitise, elle qui avait tant d'amour à donner et des gestes si délicats. Seul Jésus la reçoit et l'agrée telle qu'elle est en vérité, splendide et désolée, dans toute sa beauté et sa folle richesse que n'ont pas réussi à saccager les hommes vils et méprisants qui ont eu recours à ses prodigalités. Imbus de leur savoir, rigides en leur raison, dépourvus de toute chaleur et de toute compassion, les pharisiens en insultant la Dame au parfum assombrissent l'Amour et de lui se coupent irréversiblement. Il leur reste la loi, le littéralisme, l'extérieur de la coupe. En méconnaissant l'onction de la Femme, si humaine et souveraine, ils ont tout perdu.

Une tradition ésotérique dit que Marie de Magdala, présente sur le Golgotha, recueillit dans son vase le sang qui coulait des plaies du Crucifié : coupe mystérieuse, rédemptrice, qui devint le Graal. Les auteurs cisterciens, eux, tel Robert de Boron au début du XIIIe siècle, disent que c'est Joseph d'Arimathie qui recueillit le précieux Sang. Quoi qu'il en soit de ces légendes inspirées, il me semble que, mieux que toute autre, Marie-Madeleine était capable et digne de recevoir le sang coulant de Jésus sur la Croix, elle qui avait étanché tant de pauvres soifs et versé son baume sur des passants obscurs. Elle aussi, durant tout son parcours terrestre, avait été atteinte en son cœur magnifique, insultée en son corps. La Dame d'amour avait été traitée de pécheresse et l'est encore par tous les pharisiens du monde, réduite à la blessure du ventre commune à toutes les femmes, où les hommes se perdent et retrouvent des forces.

Femme aimante, femme insultée

La plus grande blessure faite à la femme est de n'être pas reconnue dans sa dimension d'Éternel féminin, d'être repoussée ou bafouée dans sa qualité de lumineuse Amante. La plupart des mâles sont pusillanimes. Comme ils sont affligés d'une terrible impuissance, celle du cœur, ils accablent la Dame aux parfums subtils de leurs laides images, de leurs fantasmes chétifs. Ils la recouvrent de leurs propres ténèbres et iront ensuite clamer que c'est elle, la maudite, la chienne possédée de sept démons... J'ai souvent médité sur cette femme admirable et insultée que seul le Christ reconnut et aima en vérité, à la hauteur qu'elle méritait. Dans les sept démons que Jésus expulsa de son corps, je ne puis voir que la troupe hideuse des péchés et préjugés masculins qu'elle endossa, qu'elle transmuta aussi par son amour, grâce à un baume que ces hommes ne subodoraient même pas.

La femme de Magdala n'est pas Marie l'immaculée qui conçut de l'Esprit. Elle a porté sur ses jolies épaules, hébergé en son ventre, les images factices et les instincts grossiers où se complaisent tant de mâles. Sans nul doute, en répandant son parfum sur les pieds de Jésus, en les trempant de pleurs puis en les essuyant de ses longs cheveux, elle lave ses propres plaies, elle se purifie de ses fausses rencontres et elle referme, grâce à Jésus qui seul la reconnaît et la louange, cette large blessure faite au cœur de toute femme aimante.

Elle est bien « cette femme si belle aux pieds de Marie » que désigne Dante par la bouche de saint Bernard, une blessure que l'homme va aggravant ; et elle est aussi « celle qui oignit et referma la plaie », Marie, dont elle porte le nom. Elle est tout ensemble, uniment, l'*inguen* et l'*unguen*, la Femme dans sa nature humaine et divine. Femme sans couture, dirai-je, Dame d'unique Amour.

Un apprentissage amoureux

Pour accéder à sa dimension spirituelle et entrevoir le Ciel, l'homme doit passer par la Femme et d'abord il doit respecter toute créature féminine qu'il rencontre sur sa route.

Encore une fois, Chrétien de Troyes nous tiendra lieu de guide. Le sauvageon élevé dans la forêt qui n'est pas encore Perceval le Gallois, qui n'est pas encore digne de son nom, a toutefois reçu de sa mère nourriture, affection et préceptes de vie. Avant qu'il ne la quitte sans ménagement pour se joindre à l'aventure chevaleresque, sa mère lui fait diverses recommandations, touchant les relations humaines et le lien avec Dieu. Elle dit en particulier à son fils :

« Celui qui n'honore les dames
a perdu lui-même tout honneur. »

Mais, dans ce domaine comme dans tous les autres, le garçon a tout à apprendre et il va commettre de nombreuses bévues et de graves fautes. En quittant la forêt obscure et après avoir chevauché une journée puis dormi une nuit, il se remet en route jusqu'à ce qu'il aperçoive une merveilleuse tente, surmontée d'un aigle doré qui brille au soleil. Ébloui, le jeune homme se dirige vers la tente : il est sûr que c'est la demeure de Dieu et veut y entrer pour adorer le Seigneur. Bien sûr il ne s'agit pas d'une église ni d'un sanctuaire mais d'un pavillon d'apparat à l'intérieur duquel repose une jeune fille. À l'orée de l'éducation chevaleresque de son jeune héros, Chrétien de Troyes offre à dessein l'image cachée de Dieu et celle visible de la femme réunies dans une même adoration.

En entrant, le jeune homme découvre une demoiselle endormie et le bruit qu'il fait la réveille en sursaut. Elle voit l'intrus, se met à trembler et le prend pour un fou. Elle le prie de partir aussitôt mais lui, la trouvant à son goût, s'empare d'elle, « non sans gaucherie, car il ne savait pas s'y prendre autrement », précise malicieusement l'auteur champenois, il la renverse sous lui et lui vole des baisers tandis qu'elle se débat comme elle peut. Apercevant au doigt de la demoiselle un anneau serti d'une émeraude, il s'en saisit également, l'arrachant avec force. La pauvre jeune fille se plaint mais lui, le rustre, se déclare satisfait. Puis, comme il ressent quelque faim, il avise un tonnelet de vin et trois pâtés de chevreuil : sans vergogne, il boit de larges rasades et engloutit deux pâtés. Ensuite, bien rassasié, il prend congé brutalement, laissant en pleurs derrière lui la demoiselle désespérée. Voilà ce qu'on appelle l'amour de concupiscence ou naturel, le degré le plus courant de la relation entre un homme et une femme : le héros ignorant et mal dégrossi convoite et prend pour lui, pour son seul plaisir, ce qu'il veut, sans se soucier d'autrui. Il se trouve au plus bas de l'échelle d'amour...

Le devoir de réparation

Le jeune Gallois quitte la tente tel un malotru, inconscient de tout le mal qu'il vient de faire. Peu après survient l'ami de la demoiselle qui, devant l'état de la jeune fille et le saccage des victuailles, soupçonne une mauvaise visite. Il presse son amie de questions et elle a beau répéter qu'elle est innocente, qu'il ne s'est rien passé, l'homme est fou de jalousie et réclame vengeance. À nouveau, c'est la femme qui fera les frais de la brutalité masculine.

Un long temps se passera avant que Perceval ne croise sur sa route une misérable jeune fille, montée sur un cheval décharné, et dont la robe est en lambeaux. Ses cheveux sont défaits et son visage ravagé par les larmes. Tout son corps et son cœur paraissent déchirés. Le récit insiste : « La chair qu'on voyait était incisée, comme scarifiée à coups de lancette, tant elle était crevassée et brûlée par la chaleur, le vent et la gelée. » Bien sûr Perceval ne reconnaît pas dans cette pauvre figure la demoiselle de la tente à laquelle il a fait si grand tort. C'est l'ami jaloux, l'Orgueilleux de la Lande, qui fournira au chevalier l'explication des mauvais traitements infligés, ajoutant que sa vengeance ne cessera que lorsqu'il aura tranché la tête de l'intrus qui, certainement, a violé son amie.

On remarquera ici tout le chemin parcouru puisque Perceval se fait aussitôt reconnaître, endossant sa responsabilité dans le mal qu'il a fait. À cette transformation intérieure se montre sa qualité de chevalier : il est désormais un homme qui ne se dérobe pas, qui assume ses actes et ses paroles, puis tente de réparer l'injustice qu'il a causée. Un homme noble a à cœur de redresser les torts que lui-même a commis, volontairement ou non, bien avant de fustiger ceux des autres.

Devant le dénuement auquel a été contrainte, par sa faute à lui, la demoiselle et devant la condition indigne qui lui est faite par l'Orgueilleux de la Lande qui pourtant se déclare son ami, Perceval ressent une grande tristesse. Il provoque l'Orgueilleux au combat puis, vainqueur, fixe ses conditions . la jeune femme doit être libérée, retrouver santé et beauté. Une fois qu'il lui aura prodigué tous ses soins, l'Orgueilleux se rendra avec elle, habillée et parée, à la cour du roi Arthur et devra devant tous reconnaître ses fautes. Il fera tout cela et demandera la grâce du Roi au nom de celui qui se présente désormais comme le Chevalier Vermeil. Se désignant ainsi, Perceval montre non seulement la mission spirituelle de la véritable chevalerie, mais son accomplissement personnel.

L'apprentissage fut long. Au sortir de la forêt, le garçon était encore sauvage, mal dégrossi sinon grossier, ainsi qu'il l'a montré en se ruant sur la jolie demoiselle qui dormait sous une tente ensoleillée. Il est, comme la plupart des mâles, un « mal-appris », c'est-à-dire un individu qui dans son orgueil croit tout savoir mais qui en matière d'amour, subtile matière, a tout à apprendre. Le Gallois sans nom deviendra Perceval le jour où il en sera digne, puis Chevalier Vermeil quand tout son être clamera les valeurs de l'Esprit.

La faille masculine

Dans le récit d'éducation et d'initiation écrit par Chrétien de Troyes, le parcours du héros montre comment un mâle ordinaire s'élève progressivement à son humanité puis, devenu chevalier par la grâce du Roi, peut accomplir sur terre les œuvres d'En Haut. L'apprentissage du héros passe nécessairement par les femmes, soit que celles-ci lui enseignent un savoir, une sagesse, soit qu'elles reflètent les qualités acquises ou les terribles manquements de l'homme en quête. Au début de son histoire, le Gallois reçoit une bonne éducation de sa mère que pourtant il va abandonner brusquement, sans lui manifester la moindre tendresse. À l'égard de la demoiselle de la tente, il se comporte avec ignorance, égoïsme et brutalité : il s'empare d'elle puis s'en va sans se poser de questions. La même demoiselle aura à subir de son ami une grande injustice parce que lui, dénommé à juste titre l'Orgueilleux, croit tout savoir et comprendre, en sa suffisance de mâle : s'il décide de se venger, c'est pour lui, il ne se préoccupe nullement de l'état de la jeune fille. Ces diverses attitudes masculines montrent un *profond rejet du Féminin qui est, au fond, la véritable blessure de l'homme.* Plus l'homme abaisse et renie la Femme – en ses divers visages de mère, de sœur, d'amante, d'épouse –, et plus il aggrave sa propre blessure, son manque essentiel.

La demoiselle malmenée, en haillons et en pleurs, est le miroir du piètre héros. Ainsi, lorsque Perceval reconnaît puis veut redresser ses torts, c'est lui-même qu'il redresse. En réparant ses fautes passées, il se restaure lui-même dans sa dignité d'homme, il recouvre sa propre rectitude. Mais le chemin est long. Il faut du temps pour que Perceval, devant Blanchefleur, reste muet d'étonnement et se comporte avec délicatesse. Il faut longtemps pour qu'un homme approche une femme comme Lancelot fit de Guenièvre, avec une ferveur sacrée, en une nuit d'adoration. Ces manières exquises que nous conte discrètement Chrétien de Troyes révèlent un chevalier courtois et désignent une reine : noblesse masculine qui ne craint pas de s'agenouiller, souveraineté féminine qui l'accueille et lui prodigue son amour sans attenter à sa liberté.

Lumineuses amantes

Dans les récits et les mythes que nous avons explorés, on trouve donc des femmes offensées et blessées, mais différemment. Comme si l'être féminin souffrait d'être méconnu, rejeté par l'individu masculin, tandis que ce dernier ne paraît pas souffrir de cette séparation et, *pour se souvenir de la coupure, doit recevoir une blessure.* Elle se sent séparée, se plaint et se lamente ; lui, il vit à moitié, mais n'en est pas conscient. Double déchirement, qui un jour fera peut-être une réunion.

Pour affiner les choses, je dirai que si la femme peut être insultée, avilie, la Dame ne peut jamais être souillée ni atteinte de blessures parce qu'elle figure l'éternelle, l'immuable dimension de l'Esprit. Et en toute créature féminine il y a, souveraine, une Dame qui surmonte et sanctifie les blessures faites à la femme. Ainsi la Dame oint et referme les plaies de la femme offensée en son corps, en son cœur ou en sa dimension sacrée.

Jamais la Dame ne peut être détruite ni endommagée, mais elle endure de terribles souffrances à se sentir si éloignée, si peu recherchée des mortels. Ainsi, Raymond Lulle met en scène, dès le prologue de *L'Arbre de Philosophie d'Amour*, une belle jeune femme qu'il rencontre « dans un beau pré, au milieu duquel il y avait un grand arbre et une belle fontaine ». La dame est gracieuse et richement parée mais se répand en pleurs déchirants. S'approchant d'elle, le narrateur la salue humblement, il lui demande son nom et la raison de son chagrin. La dame se présente comme Philosophie d'Amour, dont la sœur Philosophie de Savoir reçoit tous les suffrages des hommes qui préfèrent les « sciences de l'entendement et de la vérité à celles de l'amour et de la bonté ». Ainsi parle la belle dame désolée : « Ce ne sont pas la jalousie ou l'orgueil qui me font gémir ; je pleure parce que la plupart des hommes ne savent pas aimer ; s'ils savaient aimer aussi bien qu'ils savent comprendre, grâce à moi et à ma sœur le monde entier serait dans un ordre parfait. »

Depuis le mois d'octobre 1298, date à laquelle Raymond Lulle termina, près de Paris, son magnifique ouvrage, on ne peut guère avancer que les choses aient changé dans le cœur des hommes. Philosophie d'Amour demeure inconsolée.

Voilà pourquoi toute femme au cœur libre et aimant a *mal à l'Amour* en ce monde, pourquoi les mystiques au cœur transpercé souffrent des blessures réitérées que les mortels portent à l'Amour en l'ignorant ou en le rabaissant à leur misérable niveau. La Dame d'Amour déroule sa longue plainte dans le silence des cœurs fermés. Didon, Héloïse, la religieuse portugaise, et toutes celles que Rilke nomme les « grandes amoureuses » parce qu'elles ouvrent à l'homme l'espace illimité de l'Amour au lieu de restreindre celui-ci au cercle clos de leurs bras.

Qu'on la nomme Sapience d'Amour ou Madonna Intelligenza, qu'elle apparaisse sous les traits lumineux de Nizhâm pour Ibn Arabî, de Béatrice pour Dante, de Doulce Mercy pour le chevalier Cœur, de Dulcinée pour Don Quichotte, celle que j'appelle la Dame à l'onguent n'est autre que le Féminin éternel qui est une Face, la plus belle, la plus compatissante, du Dieu caché.

Cette gente Dame souffre d'être méconnue de la plupart des mortels, elle vit les affres de l'éloignement tandis que l'homme ordinaire se croit entier et suffisant, ignorant de son propre exil. L'homme est séparé mais ne s'en rend pas compte : aussi doit-il être blessé afin de prendre conscience de la coupure. Tel est le sens profond à trouver dans les meurtrissures qui atteignent le chevalier en quête : en brisant l'enfermement dans lequel survit et se complaît le mortel ordinaire, elles ouvrent une voie de délivrance. Ainsi, paradoxalement, la blessure reçue par le chevalier est bénéfique parce qu'elle permet de réparer la coupure ontologique.

Dans les récits initiatiques, la Dame à l'onguent qui donne ses soins à l'homme blessé et lui permet de continuer sa route ne le guérit pas de façon extérieure. Elle *répare la brisure* entre l'homme et la femme, entre la créature et Dieu, entre le fini et l'infini, et aussi la scission entre le corps, l'âme et l'esprit. Autrement dit, elle *unifie*. Or qu'est-ce qui seul a pouvoir d'unifier et d'unir si ce n'est l'ineffable Amour ?

IX.

Le Cœur illuminé

« J'ai voulu que vous voyiez le secret de mon cœur, en vous le montrant ouvert, afin que vous voyiez que je vous aimais plus que ne pouvait le montrer la souffrance finie. »

CATHERINE DE SIENNE

Avant qu'il ne soit blessé en ses parties viriles par une lance empoisonnée, le Roi gardien du Graal, que Wolfram von Eschenbach nomme Anfortas, était un jeune homme avenant et plein de vaillance dont le cri de guerre était « *Amor !* ». Mais on peut se tromper d'amour, se fourvoyer, surtout au temps de la jeunesse où les instincts et les passions dominent. D'après l'auteur allemand du XIIIe siècle, l'affliction du Roi serait due au fait qu'il avait aimé une femme « autre que celle que désigne l'inscription sur le Graal » et s'était mis à son service. Une sorte de choix était suggéré entre celle que Socrate appelait l'Aphrodite céleste et l'autre, l'Aphrodite terrestre. Devenu infirme et après avoir tenté sans succès tous les remèdes possibles pour guérir une plaie qui le fait affreusement souffrir, le Roi attend le Chevalier qui, en posant une seule question, mettra fin à son mal et à la désolation qui règne sur ses terres.

Dans le récit antérieur de Chrétien de Troyes qui, le premier, vers la fin du XIIe siècle, mentionne un récipient usuel – écuelle, plat creux – dénommé « graal » et appelé à une si grande fortune et tant de vaticinations, on parle d'un Riche Roi Pêcheur, blessé « entre les deux hanches » par un javelot, sans préciser ni suggérer la raison de ce malheur. Et, finalement, nous verrons que c'est bien la question que doit poser Perceval ou tout chevalier à qui apparaît, en présence du Roi blessé, le cortège du Graal : de quoi souffre continûment le Roi immobilisé ? Quelle est l'origine de sa blessure, qui est la mienne aussi tandis que je la contemple ?

Cette plaie qui touche aux racines mêmes de la vie n'est ni une malédiction ni un accident de parcours, elle semble inhérente à la nature humaine inaccomplie. Elle concerne chacun et demande à être prise en considération, au sérieux. Autrement dit, en toute créature humaine l'Être divin est blessé. Il paraît donc urgent non pas de soigner ses blessures personnelles et existentielles, mais bien de refermer la Plaie divine qui crie en chacun de nous.

On voit ici la différence entre les mystiques qui se sentent atteints et transpercés par l'incommensurable et ineffable Amour divin, et les gnostiques, les chevaliers spirituels qui se lancent dans l'aventure et mènent combat afin de combler la faille, la béance entre le fini et l'infini, afin de remédier aux attaques portées contre l'Amour en ce monde et aux divers manquements à son égard. La voie que suivent les mystiques les mène à la fusion par la blessure, à l'anéantissement dans l'Union, tandis que la voie héroïque sur laquelle s'engage le pèlerin spirituel l'enjoint de devenir un Homme parfait. Ce sont deux voies différentes sans qu'on puisse parler de supériorité de l'une ou de l'autre. Mais Perceval, parmi d'autres champions du roi Arthur qui partiront en quête du Graal, relève de la chevalerie spirituelle.

Un itinéraire exemplaire

Je n'ai évidemment pas la prétention d'épuiser le sens offert par *Le Conte du Graal* que composa Chrétien de Troyes, ni d'en étudier toutes les harmoniques mais, en suivant l'itinéraire de Perceval, il est possible d'entrevoir la maladie métaphysique dont souffre le Roi Pêcheur et le rôle eschatologique et sotériologique que seul peut assumer un chevalier pur, autant dire un Homme parfait. Même si j'ai évoqué précédemment Wolfram von Eschenbach et cité Robert de Boron qui fit du Graal le Calice qui recueillit le sang de Jésus, je m'en tiendrai ici au seul récit de Chrétien de Troyes en raison de son antériorité, de son état natif dans la constitution de la légende sacrée du Graal. L'ouvrage de l'auteur champenois est suffisamment riche et le personnage de Perceval nous est devenu presque familier : aussi bien représente-t-il chacun de nous face aux mystères de la vie, de l'amour, du mal et de la mort, face aux réalités célestes également. Je laisserai donc de côté les nombreuses continuations et variations des XIIIe et XIVe siècles qui ont donné au roman d'initiation de *Perceval* des prolongements chrétien, mystique et ésotérique.

Perceval est le premier héros à recevoir l'hospitalité du Roi Pêcheur, le premier à assister au cortège du Graal. À sa suite, selon les divers récits de la Table Ronde, viendront Lancelot, Gauvain, Bohort, Galaad... Il faut remarquer que, contrairement aux chevaliers du roi Arthur qui se mettent en quête du Graal, le jeune Gallois ne recherche pas celui-ci pour la simple raison qu'il en ignore l'existence, qu'il ne la soupçonne même pas ; mais il rencontre, par hasard ou plutôt au moment juste, au fil de son parcours, le Château où se déroule l'étrange cortège. Il s'agit donc pour lui d'une étape centrale dans son chemin d'homme et d'une expérience à la fois indicible, unique et irréversible.

Un destin prometteur

Lorsqu'il quitte, au printemps, la *gaste forest* pour suivre cinq chevaliers qu'il a pris pour des anges, le jeune garçon, élevé par une mère veuve, ne porte pas encore de nom. Il sera désigné comme le Gallois, ce qui entre autres significations évoque le coq (*gallus* en latin). Comme la plupart des individus, il n'est encore qu'un petit coq qui pense faire plier les autres à sa loi, les soumettre à ses caprices, qui croit aussi par ses cris retentissants faire lever le soleil. Petit moi prétentieux et vantard que les épreuves de l'existence se chargeront de mater. Ici se situe l'épisode de la tente merveilleuse sous laquelle se trouve une belle demoiselle. Après l'avoir dérangée dans son sommeil et l'avoir embrassée de force, le jeune malappris s'éloigne et parvient à la cour du roi Arthur. Celui-ci est triste et pensif parce qu'un mauvais chevalier lui a dérobé sa coupe d'or et a insulté la reine. En apercevant le nouveau venu, une jeune fille se réjouit et prophétise sa gloire future. De fait, le jeune homme abat le chevalier félon et revêt ses armes vermeilles par-dessus les vêtements donnés par sa mère. Il porte donc les couleurs éclatantes de la chevalerie de l'Esprit mais en surface ou en intention : il n'est pas encore le Chevalier Vermeil...

Commence son éducation chevaleresque et amoureuse, avant l'initiation qui aura lieu au Château du Roi Pêcheur et où il échouera. Un prud'homme, Gornemant, lui apprend le métier des armes tout en lui enseignant les vertus de silence, prudence et de discrétion. Le jeune homme se souvient alors de sa mère, qu'il avait quittée sans ménagement. Il veut se remettre en route. Mais avant son départ, Gornemant lui tend de nouveaux habits, dont des « chausses teintes en rouge ». Après avoir hésité quelque peu, le jeune homme laisse les vêtements donnés par sa mère pour passer ses habits neufs de chevalier. Il reçoit l'épée et le baiser du maître, désormais il est adoubé. Encore doit-il faire ses preuves.

Ravissements

L'étape suivante est représentée par le domaine de Beaurepaire où règne la désolation, où les gens sont affamés. Le chevalier demande l'hospitalité au Château et il est reçu courtoisement par une très belle demoiselle au teint blanc, élégamment vêtue. En la voyant, loin de se conduire effrontément comme il l'avait fait avec la demoiselle de la tente, il reste muet tant il est ému par la beauté de la jeune fille. Il vient d'être touché par la grâce de l'amour. Autour des deux jeunes gens, on s'émerveille : « À les voir l'un et l'autre, il semble que Dieu les ait faits l'un pour l'autre, afin qu'ils fussent ensemble. » Sortant enfin de son silence de ravissement, le chevalier se présente en citant son maître Gornemant, et la jeune fille approuve, disant que c'est un homme d'honneur, et elle ajoute qu'elle est sa nièce. Après le dîner, ils se séparent pour aller dormir. Mais la belle hôtesse des lieux ne peut trouver le sommeil tant elle est préoccupée par la situation de son domaine, assiégé par Clamadieu. Avec audace, elle se lève et ayant passé un « court manteau de soie écarlate » par-dessus sa chemise, elle s'en vient trouver le chevalier dans sa chambre. Près du lit où il est assoupi, elle tremble et pleure, et ses larmes tombent sur le visage du chevalier qui se réveille. Exquise image d'un rapprochement des cœurs, d'un amour naissant capable de partager les joies et les douleurs. À son hôte la demoiselle confie ses tourments au sujet des attaques lancées par Clamadieu des Îles et à cause des nombreux chevaliers qui ont trouvé la mort ou qui ont été faits prisonniers et emmenés par Aguingueron, le sénéchal de Clamadieu. Aussitôt le chevalier sent se lever en lui le désir de se battre pour elle et de défendre ses terres. Il lui prodigue des paroles de réconfort puis l'invite à le rejoindre dans son lit, assurant : « Vous ne me quitterez plus maintenant. » Il la serre dans ses bras et la couvre de baisers, mais se montre plein de douceur et d'attentions à son égard. Ils restent ainsi toute la nuit, amoureux émerveillés, « étendus l'un contre l'autre, bouche contre bouche ».

Le chevalier ira combattre les assiégeants du château, il fera prisonniers Clamadieu et son sénéchal qu'il envoie à la cour du roi Arthur. Entre-temps, un navire chargé de victuailles, dérivé par un coup de vent, est parvenu jusqu'à Beaurepaire et les habitants se réjouissent et festoient. Quant à celui qui a défendu la cause de la jeune fille et de ses terres, il mène auprès d'elle une « vie de délices et de bien-être ». Et ici le nom de son amie, de sa belle, est enfin donné : Blanchefleur. Comme si, par son amour et sa vaillance, indissociables chez un chevalier, le jeune vainqueur avait fait surgir des ténèbres et du malheur le nom radieux de sa dame, comme s'il proclamait sa beauté et sa valeur jusqu'alors tenues secrètes et grâce auxquelles lui-même avait triomphé du violent Clamadieu, cet homme mauvais qui crie contre Dieu, qui fait les œuvres du Malin. Toutefois, même si son cœur désire pour toujours rester auprès de Blanchefleur, le chevalier se montre préoccupé par le sort de sa mère. Il décide de partir du château de Beaurepaire et, s'il trouve sa mère en bonne santé, de la ramener en ces lieux.

Blanchefleur est affligée par cette séparation et tous les habitants de la ville se plaignent, ainsi que les moines et les nonnes. À dessein, Chrétien de Troyes écrit que, devant la procession qui se forme pour accompagner le chevalier, on se croirait un jour d'Ascension. Cette fête religieuse marque le jour où Jésus fut soustrait aux yeux du profane, enlevé à ce monde. Les terrestres habitants veulent retenir le Seigneur, celui qui les a « tirés de l'exil », et le héros les réconforte en assurant qu'il reviendra. Sous-entendu : à la Pentecôte, ou à la Fin des Temps. Cette scène montre à mots couverts que le chevalier, plus que tout autre homme, endosse la voie christique, qu'il peut être le sauveur attendu, le rédempteur, s'il va au bout de son accomplissement. La suite du récit nous montrera que Perceval échoue à devenir cet Homme parfait, encore a-t-il fait un grand bout de chemin.

Le Château de nulle part

C'est ici que va prendre place l'épisode essentiel du Château du Graal. Le chevalier semble prêt à affronter cette mystérieuse épreuve par son éducation, ses précédentes rencontres, ses combats, grâce à l'amour de Blanchefleur et bien sûr grâce à Dieu. Tout en chevauchant sans rencontrer âme qui vive, le héros prie sans cesse et voici qu'il se trouve devant une rivière rapide et profonde qu'il ne peut traverser. Il en suit le cours puis aperçoit, venant d'amont, une barque qui descend dans sa direction. À son bord se trouvent deux hommes. La barque s'arrête et l'homme qui se tient à l'avant se met à pêcher avec un petit poisson au bout de l'hameçon. S'enhardissant, le chevalier demande aux passagers de la barque s'il existe pour traverser la rivière un gué ou un pont. Non, il n'y a aucun moyen de franchir la rivière. Le héros s'enquiert alors de trouver un lieu d'hospitalité, et l'homme de la barque lui propose de l'héberger chez lui le soir même. Pour lui montrer le chemin, il désigne une anfractuosité dans la roche par laquelle le chevalier se hissera. Une *frète* est une fissure, une brèche – qui est aussi blessure. J'aurai l'occasion de revenir sur ce mot. D'évidence, les passagers de la barque, qui viennent d'amont, indiquent au chevalier non seulement une voie d'élévation, mais encore de retour : il s'agit pour son salut de remonter le courant afin de trouver la Source, il s'agit aussi de la remontée de l'âme après sa traversée terrestre.

Le chevalier poursuit son chemin solitaire en se frayant un passage par la brèche, comme une trouée dans le monde phénoménal, une percée à travers l'écran du sensible. Aussi, après l'étape au Château du Roi Pêcheur, connaîtra-t-il son véritable nom, Perceval. Celui qui est capable de voir, qui transperce la croûte du visible et a accès à la vision. Ou encore celui qui est apte à traverser la vallée de la mort, de la finitude où s'affligent et s'exténuent bien des âmes...

Parvenu là-haut, le chevalier ne voit rien, il s'accuse de folie, de sottise, il maudit celui qui lui a indiqué une fausse route. Mais voici qu'apparaît le haut d'une tour, flanquée de deux tourelles. Un château qui semble venu d'ailleurs, qui n'existe pas au sens matériel du terme, comme on le verra plus tard. Cet édifice, où va se dérouler la scène du Graal, est le lieu de la Vision et le cœur du récit. Mais il fallait une longue préparation et toutes les étapes précédentes, pour le lecteur et pour le héros qui ne font qu'un, afin qu'il se dégage, telle l'amande de sa coque, tel un joyau de sa gangue, et s'impose dans le paysage intérieur du pèlerin spirituel. Le Château apparaît soudainement et disparaîtra comme par enchantement : il ne peut être saisi ni retenu par des yeux de chair, mais il *transparaît* à un Cœur suffisamment pur pour en devenir *transparent.*

Louant l'homme qui lui a montré la bonne voie, le héros se dirige vers le château dont le pont-levis est abaissé : il y est accueilli, il y est même attendu. Depuis toujours, allais-je dire. Comme chacun de nous. Mais que de détours, que d'inertie, que de futilités et de faux engagements dans le siècle, avant de prendre le chemin qui mène au cœur de l'être et fait entendre la question essentielle : quel *désir blessé* t'a conduit jusqu'ici ? Ou : quelle *désirable blessure* viens-tu contempler ?

Le cortège hiératique

Le jeune homme reçoit une parfaite hospitalité. Revêtu d'un « manteau neuf et frais de fine écarlate », il est conduit dans une grande salle à colonnes, au sol dallé et de forme carrée, qui rappelle celle où siège le roi Arthur. Au milieu de la salle est disposé un lit sur lequel est assis un homme d'âge mûr, vêtu chaudement d'étoffes et de fourrures de couleur noire. Un grand feu brûle dans une cheminée immense. On se croirait en hiver, mais c'est une saison intérieure qui est suggérée : non pas tant la vieillesse de l'hôte emmitouflé que le gel des formes, la sclérose de l'être. Le maître des lieux est infirme mais reste discret sur la nature de sa blessure : il s'excuse simplement de ne pouvoir se lever pour accueillir son invité. Le jeune homme répond aussitôt que ce n'est pas grave et qu'il demande à Dieu « joie et santé ». Il ne mesure pas la peine dans laquelle se trouve son hôte, il n'est pas affecté par le mal dont il souffre, il s'en tient aux formes extérieures de la politesse.

Le seigneur du château le fait asseoir sur le lit auprès de lui, il l'appelle son ami et lui demande d'où il vient. Tous les deux commencent à deviser lorsqu'un jeune homme entre dans la salle en apportant une épée que le maître des lieux remet aussitôt à son invité, disant qu'elle lui est destinée. Le chevalier sort de son fourreau l'épée à pommeau d'or, la garde au poing, puis la remet à son côté. Il se sent investi d'un grand honneur, d'une mission peu ordinaire. Les deux hommes continuent de converser lorsque apparaît un cortège porteur d'étranges emblèmes, tandis que dans l'âtre le feu brûle haut et clair. Passant entre la cheminée et le vaste lit, s'avance en premier dans la salle carrée un jeune homme qui porte une lance en fer de couleur blanche. Cette arme est enchantée puisque de la pointe de la lance sort une goutte de sang qui coule jusqu'à la main du jeune noble. Le chevalier est ébahi mais ne souffle mot. Il craint de paraître impoli s'il pose des questions. Viennent alors deux autres jeunes gens, qui portent des candélabres sur lesquels brûlent dix bougies. Ils sont suivis par une gracieuse demoiselle, joliment vêtue, qui tient entre ses mains un « graal », fait d'or pur et serti de pierres précieuses. Dès qu'elle fait son entrée, une lumière éclatante emplit toute la pièce. Derrière elle marche une autre jeune fille qui porte un tailloir en argent, à savoir un plat à découper la viande. Le cortège se dirige vers une chambre voisine où il disparaît. Encore une fois, l'étranger en ces lieux se tient coi : « Il n'osa pas demander qui l'on servait de ce graal. »

Le seigneur demande qu'on dresse la table, qu'on apporte les mets et les vins pour le festin. L'invité est ébloui par la nappe immaculée, les coupes d'or, il se régale avec les plats délicieux. Et pendant que tous les deux se restaurent, à chaque plat le graal repasse devant eux. Comme une nourriture immatérielle et essentielle, comme un breuvage d'immortalité. Le chevalier aimerait bien savoir quel est le sens de tout cela, mais il remet à plus tard de poser la question, pour le moment il se contente de manger et de boire ce qui est devant lui.

Le maître des lieux se retire dans sa chambre et son invité va dormir lui aussi. Lorsqu'il se réveille, le lendemain, à l'aube, le chevalier est fort étonné de ne voir ni entendre personne aux alentours : le Château est vide et semble inhabité. Il trouve son cheval sellé, prêt à partir, et ses armes. Le pont-levis est abaissé, le cheval a juste le temps de le franchir d'un grand bond avant qu'il ne se relève, refermant derrière lui le lieu des merveilles. Pensif, le chevalier s'éloigne. Il repart avec le poids des deux questions qu'il aurait dû poser : pourquoi la lance saigne ? À qui sert-on le graal ?

Une quête inachevée

Plus jamais il ne verra le Château du Graal, mais les deux questions laissées en suspens resteront fichées en lui. Sur son chemin, il rencontrera par la suite plusieurs personnes qui se chargeront de raviver ces questions et de lui rappeler sa grave défaillance. La première est une demoiselle en pleurs, dans une forêt. Elle tient contre elle un chevalier mort, son ami, qui a eu la tête tranchée. Elle maudit le sort et se lamente. En comprenant que le jeune homme à cheval qui la salue a été hébergé au Château du Roi Pêcheur, elle fournit quelques explications. Elle dit que le Riche Roi a été blessé et mutilé au cours d'une bataille, qu'il souffre beaucoup, qu'il ne peut plus ni chasser ni monter à cheval. Désormais, seule la pêche lui offre quelque distraction. Aussi le nomme-t-on le Roi Pêcheur parce qu'il « va pêchant à l'hameçon ».

Le chevalier se remémore la scène dont il a été témoin : les jeunes gens, la lance qui saigne, les chandeliers allumés, le graal, le tailloir, et la chambre voisine où se rend le cortège. Il n'a posé aucune question, comme si ces événements étaient banals ou indifférents, comme s'il n'était pas concerné ni remué profondément. Il a laissé filer le moment unique, il n'a pas su gré à la grâce qui à lui s'offrait avec le Graal. Il n'a pas été agréé. Et lorsque la demoiselle de la forêt lui demande son nom, le héros soudainement le devine : il s'appelle Perceval le Gallois. Il est nommé pour la première fois à cet instant du récit de Chrétien. La demoiselle réplique aussitôt qu'il devrait plutôt s'appeler

Perceval le chétif, l'infortuné, puisqu'il a failli à sa vocation et n'a pas délivré le roi *méhaignié* ni ses terres. Ainsi, le héros reçoit un nom qui le porte vers un grand destin, en l'invitant à traverser l'écran des apparences, la vallée ombreuse, mais ce nom de Perceval se trouve aussitôt altéré, blessé, par le qualificatif de « chétif » parce que le chevalier ne s'est pas montré à la hauteur de son destin, parce qu'il s'est rendu incapable de voir ou n'a pas voulu voir ce qui dérangeait ses perceptions ordinaires, ses repères familiers. Il s'est contenté du côté visible des choses, il ne s'est pas demandé ce qui se passait juste à côté, dans la chambre voisine...

La demoiselle, qui se révèle être la cousine de Perceval, lui apprend également une triste nouvelle : sa mère est morte de chagrin et déjà ensevelie.

Bien plus tard dans le récit, un autre personnage ravivera en Perceval les questions laissées inexprimées. Cette fois, c'est un ermite. Cinq années ont passé et bien des événements ont eu lieu. Perceval a continué sa route dans un total oubli de Dieu. Un jour, qui est Vendredi saint, il croise un cortège de pénitents qui vient de chez un ermite, un homme plein de bonté qui « ne vit que de la seule gloire du Ciel ». Se rendant auprès du saint homme, le chevalier requiert ses conseils, il se confesse et se repent : depuis cinq ans, dit-il, il s'est lui-même perdu, il a oublié Dieu et n'a fait que le mal. À nouveau surgit dans son esprit la scène dont il fut le témoin passif et ignorant, avec la lance qui saigne et le graal plein de lumière. Son mutisme fut un grave manquement. L'ermite se montre bienveillant et il donne quelques éclaircissements sur les mystères auxquels Perceval a été confronté : le Graal est un vase sacré que l'on sert à un roi, caché depuis douze ans dans sa chambre, qui est le père du Roi Pêcheur. Ce vieil homme est tellement spiritualisé qu'il se nourrit d'une seule hostie qu'on lui porte dans le Graal.

L'ermite dévoile aussi des liens de parenté, qu'il faut entendre dans un sens symbolique : il est le frère de la mère de Perceval, mais aussi du Roi caché. Ainsi, Perceval a pour oncle, autant dire initiateur, maître spirituel, à la fois l'ermite bienveillant et le saint vieillard, et il est le proche cousin du roi *méhaignié*. Le héros se trouve pris en quelque sorte dans un filet lumineux (on n'échappe pas au Graal, c'est Dieu qui recherche et attend l'homme), en même temps qu'il est, comme toute créature, capturé dans le filet de la chair, dans la prison des sens. Il est un roi blessé, plein de misères et pourtant riche de ressources, dont le père, invisible, est pur esprit.

Le parcours de Perceval s'achève dans la pénitence, avec l'absolution donnée par l'ermite, un repas frugal partagé et la transmission d'une prière secrète. Ainsi, le jour de Pâques, Perceval peut communier dignement.

La question au roi « méhaignié »

J'ai relaté un peu longuement l'histoire de Perceval afin de mettre en perspective les deux motifs qui sont plus particulièrement liés à la blessure, à savoir la blanche lance qui saigne et le roi invalide atteint par un javelot entre les deux hanches. Mon propos n'est pas de décrypter le cortège du Graal, ce qui a été fait de toutes sortes de façons dans les nombreux ouvrages consacrés à ce thème, mais de poser la question du manque : qu'est-ce qui fait défaut au Roi Pêcheur ? Qui peut réparer la faille et faire se rejoindre le fils et le père, reconduire le roi blessé à l'Être de Lumière ?

Les deux personnages royaux habitent le même château, ils sont de même sang et tout proches puisque le vieux roi se trouve dans la chambre voisine de la vaste salle carrée. Pourtant, chacun est établi sur un des versants de la Vie : l'homme *méhaignié* dans l'existence, l'homme sauvé dans l'éternité ; le premier grelotte et attend, le second est caché dans la lumière. C'est ce qui distingue un corps mortel du corps glorieux.

La pièce manquante entre les deux hommes nobles, c'est Perceval, du moins le chevalier qui mérite ce nom, et ce peut être tout homme à la fois conscient de la coupure et apte à la combler, en se servant de l'épée du Verbe. La Parole de Perceval, à ce moment de son chemin, a la puissance de faire se rejoindre les deux bords de la plaie, les deux versants de la Vie, en reliant l'homme infirme, défait lors d'une bataille de l'existence, à celui qui, « pur esprit », se tient près de la Source.

On comprend dès lors ce que signifie guérir la blessure : ce n'est pas soigner le roi invalide en refermant sa plaie, mais opérer une jonction, *remplir la brèche entre l'homme blessé et l'Homme sauvé*. Telle est la mission du chevalier spirituel, du gnostique : accomplir tout le chemin qui permet la surrection du roi navré et sa résurrection. Perceval ne va pas au bout de sa mission et il échoue à poser la question parce que lui-même n'est pas encore un être ressuscité, un Vivant. Or, dans les Mystères du Graal, *je ne puis poser la juste question que si je connais la réponse*, si j'ai parcouru moi-même tout le chemin de l'existence, franchi toutes les étapes jusqu'à la chambre d'à côté. Je ne puis poser la question essentielle qu'*à la lumière* de la chambre d'à côté où se tient le Roi qui se nourrit du Graal.

Pêches miraculeuses

Le seigneur qui offre au Gallois l'hospitalité est appelé Roi Pêcheur, et Chrétien de Troyes le décrit à l'avant de sa barque, muni d'une ligne et amorçant avec un petit poisson accroché à l'hameçon. Le terme d'hameçon revient avec quelque insistance, peut-être parce qu'il résonne en langue d'oïl (*ameçon*) avec l'âme, mais aussi parce qu'il rappelle une réalité concrète qui peut se transposer sur le plan spirituel. Déjà, Jésus avait dit à ses apôtres qu'ils seraient désormais des pêcheurs d'hommes... Sans le crochet de l'hameçon, le pêcheur ne prend aucun poisson, il ne peut le tirer de l'eau profonde pour l'amener sur terre. Autrement dit, l'hameçon répare le hiatus entre ces deux domaines, ces deux règnes. De même, la question attendue et salvatrice qui relèverait le Roi infirme est un crochet capable de le tirer de la Terre où il se morfond jusqu'au Ciel où le Roi est Vivant.

Perceval est resté muet, il n'a pas dégainé l'épée merveilleuse du Verbe qui pourtant lui avait été offerte dès son entrée dans le château. Le Roi hospitalier continue de souffrir. Du reste, comme pêcheur, on ne lui voit prendre aucun poisson. De même, Perceval est reparti bredouille du lieu des Mystères, il mérite bien son surnom de « chétif ».

Être conscient de la coupure ontologique entre l'humain et le Divin, c'est aussi se remémorer l'alliance passée entre

Dieu et la Créature. Le cortège du Graal a, entre autres, la fonction théurgique de rappeler et de revivifier l'Alliance que l'Éternel scella avec le premier juste, avec les patriarches et les prophètes. Dans la tradition hébraïque, la circoncision est la marque de cette alliance inscrite dans la chair, tandis que dans le Nouveau Testament Jésus assure que la « circoncision du cœur », tout intérieure et non visible, n'est pas moins importante. La coupe très précieuse du Graal, d'où rayonne une immense clarté, donne une belle image du Cœur qui est conscience illuminée et amour surabondant.

À l'Alliance passée par Dieu l'homme noble – le chevalier spirituel, le gnostique – se doit de répondre, et il doit en répondre dans ce monde horizontal, souvent grabataire et affligé. Il n'y a pas de solution de continuité entre le seigneur blessé en sa virilité, le chevalier à l'épée qui doit poser la juste question et le Roi caché qui se sustente d'une nourriture immatérielle parce qu'il est devenu lui-même pur esprit. Ils ne font qu'un, mais seul le héros en quête, Perceval, Lancelot, Galaad, vous ou moi, a la possibilité de crocheter le souverain infirme pour le relier à son Être de Lumière. Ainsi les dix doigts des mains jointes font une seule prière, telles les bougies allumées sur un même chandelier.

Vivante matière

Si, à la fin du parcours de Perceval, l'ermite éclaire quelque peu le sens et la fonction du Graal servi au Roi très saint, en revanche il ne dit rien sur « la lance dont la pointe saigne, sans qu'il y ait pourtant ni chair ni veines ». Il déclare seulement que le sang n'a jamais été étanché. La légende christianisée qui, par la suite, se développera dira qu'il s'agit de la lance avec laquelle le soldat Longin a percé le flanc de Jésus après son dernier soupir : de la plaie au côté sortira du sang et de l'eau, d'après l'Évangile. Mais le conte de Chrétien de Troyes ne fait aucune référence explicite au Crucifié, le cortège qu'il représente est empreint de beauté et de majesté, il ne mène pas le deuil ni n'élève de lamentations. C'est une procession, une célébration de Résurrection, non de Vendredi saint.

Si le fer qui saigne évoque une hémorragie néfaste qu'il conviendrait de stopper et renvoie à la plaie au flanc du Crucifié, on peut avancer que l'homme imparfait, pécheur, est une épine, un coup de lance permanent dans le divin Cœur, dans l'Être divin parfait. Il convient donc de refermer la plaie divine, d'en étancher le sang, en se hâtant soi-même vers la perfection, en faisant la jointure entre le seigneur infirme et le Roi spiritualisé. Pour les mystiques, la contemplation et l'adoration des plaies de Jésus permettent de rejoindre l'Être divin, de s'y fondre en l'Amour infini.

Henri Suso (1297-1366), disciple de Maître Eckhart, s'écrie : « Quel cœur, fût-il de pierre, fût-il de fer, ne serait pas attendri par toutes les blessures qui t'ont été faites ? Ah ! maître très doux, qui me donnera de pouvoir mourir pour toi ? »

Angelus Silesius prend un ton plus serein :

« Je considère les plaies telles des portes célestes qui s'ouvrent.

Je puis désormais y entrer par cinq espaces sûrs. Mais comment arriverai-je tantôt à me tenir près de mon Dieu ?
Je veux au travers de ses pieds et de ses mains avancer au cœur de l'Amour. »

Quant au cardinal de Bérulle, il voit dans la plaie au flanc du Christ une source ruisselante d'amour inépuisable : « Son Cœur est éternellement ouvert, éternellement navré ; sa gloire n'ôte point cette plaie, car c'est une plaie d'amour ; cette navrure de la lance n'est que la marque de la vraie et éternelle navrure de son Cœur. »

Mais je puis aussi considérer d'une autre manière le sang vif sourdant de la lance qui ouvre le cortège du Graal et m'en émerveiller : quelle prodigieuse force de vie parvient à faire saigner le métal, à faire pleurer la pierre ? Quelle puissance inouïe, surhumaine, est capable d'opérer ce miracle : faire d'un objet inanimé en fer un corps vivant que parcourt un sang rouge ?.. Cette mystérieuse Puissance doit pouvoir également faire d'un corps humain périssable un corps glorieux, mais il faut ici le concours de l'homme noble qui est à la fois la matière de l'Œuvre alchimique et l'opérant, qui à la fois est œuvré et œuvrant. Les hommes en leur langage nomment cette Puissance Amour, tout en méconnaissant sa nature véritable. On croit entendre ici les paroles de Teilhard de Chardin : « L'Amour est la plus universelle, la plus formidable et la plus mystérieuse des énergies cosmiques. À la suite de tâtonnements séculaires, les institutions sociales l'ont extérieurement endigué et canalisé. » Ce que les humains nomment amour, après l'avoir réduit à leurs dimensions étroites, est triste et froid métal par rapport à sa Réalité invisible, à son Essence dont le moindre pouvoir est de faire saigner une lance, de liquéfier une pierre. Ainsi, l'Amour est bien le fer de lance du Grand Œuvre auquel est convié le chevalier spirituel.

Devenir lumière

La quête du Graal n'a rien d'une chasse au trésor, n'en déplaise aux amateurs de sensationnel et de faux ésotérisme. Il ne s'agit pas de s'emparer de la Coupe très précieuse mais, à l'instar du Roi caché, de devenir digne d'y communier. Autrement dit, le pèlerin, l'étranger sur terre, part en quête de son identité divine, de son être de lumière. Pour percevoir la Source de lumière et s'y désaltérer, le chevalier doit avoir abandonné ou transformé tout le ténébreux, le trouble qui se trouvaient en lui. Comme le dit l'admirable Plotin, philosophe et mystique qui vécut à Alexandrie au IIIe siècle : « Jamais âme ne verra le Beau si elle ne se rend belle auparavant. » Dans son traité *Du Beau* qui est une méditation sur la contemplation et sur la vision, Plotin semble par avance s'adresser à tout invité au Château du Graal, lui donnant ces prescriptions intérieures :

« Si tu es tout entier devenu lumière véritable, et seulement cela, une lumière que ne mesure aucune grandeur, dont le flot ne se réduit aux contours d'aucune forme [...], une lumière qui est absolument sans mesure parce qu'elle semble transcender toute mesure et excéder toute quantité ; si donc tu vois et reconnais être toi-même devenu tout cela, alors tu es devenu vision, et tu dois avoir confiance en toi. [...] Deviens donc d'abord divin tout entier, et tout entier beauté, si tu veux contempler Dieu et le Beau. »

À ce moment de son itinéraire, malgré ses diverses expériences et son éducation chevaleresque, Perceval n'est pas assez purifié pour recevoir la vision du Graal. La pureté qui lui manque s'appelle la transparence du Cœur. Contrairement à un savoir intellectuel, à un regard ordinaire, la vision du Cœur lève toute distance entre celui qui regarde et ce qui est regardé. Il y a fusion, communion dans la Lumière.

Perceval a également failli parce qu'il a laissé au fourreau l'épée du Verbe, il a refusé de devenir l'instrument de la Parole divine qui seule a puissance de relever l'homme infirme, de le remettre debout sur ses jambes. Il avait reçu le don de la Parole inspirée mais ne l'a pas mis en œuvre, il a échoué dans la mission prophétique qui incombe à tout chevalier célestiel. C'est pourquoi il ne peut guérir le Roi blessé ni faire refleurir ses terres désolées. Je ne puis ici m'empêcher de citer le texte d'Isaïe sur la mission du prophète, passage que reprendra à son compte Jésus de Nazareth (Lc 4, 17 sq.) :

« L'Esprit du Seigneur Dieu est sur moi,
parce que le Seigneur m'a oint.
Il m'a envoyé porter la bonne nouvelle aux pauvres,
panser les cœurs meurtris ;
annoncer aux captifs l'amnistie
et aux prisonniers la liberté ; [...]
consoler les affligés et leur donner
un diadème au lieu de cendre,
l'huile de joie à la place d'un vêtement de deuil,
la louange au lieu du désespoir... » (Is 61, 1-3)

Telle est bien la santé que procure par la voix du prophète la Médecine divine : consolation des peines terrestres, libération, joie et louange. Telle est la guérison que l'Homme parfait, le chevalier christique, est capable d'octroyer parce que lui-même est un homme ressuscité, un Homme du huitième jour. Le roi *méhaignié* n'attend pas un médecin ordinaire qui refermerait sa plaie mais il espère, de toutes ses forces restantes, le sauveur qui lui donnera le salut en le reliant à son être de lumière. La perspective est ici de délivrance définitive, non de soulagement passager : il s'agit bien d'eschatologie, de l'avènement de la Jérusalem céleste. Je tiens à le répéter sous une autre forme, en m'opposant à l'idéologie humanitaire : ce monde sera délivré non pas lorsque tous les hommes seront heureux, mangeront à leur faim, bénéficieront de justice, mais il sera véritablement délivré quand il sera *plein de Dieu*, quand il sera devenu Temple de l'Éternel.

La joie du Paradis

À son arrivée dans la salle à colonnes où l'attend le maître des lieux, Perceval invoque, presque machinalement, « joie et santé » comme des biens essentiels et indissociables. Il n'en a pas encore ressenti la profondeur, la vérité intérieure. Ce que le prophète Isaïe mentionnait comme « huile de joie » se retrouve dans le *joy* célébré par les amants courtois comme climat de la *Fin'Amor* et de l'âme glorieuse : cette joie paradisiaque est l'état d'indicible plénitude de l'être spirituel, du cœur illuminé. Ce n'est pas un hasard si

Wolfram von Eschenbach appelle la porteuse du Graal, qui est une reine, Repanse de Schoye, Havre de Joie : « La noble dame, qui était seule à pouvoir porter le Graal, avait nom Repanse de Schoye. La nature du Graal était telle qu'il fallait que celle qui en prenait soin fût pure et exempte de toute fausseté. »

On n'aura garde d'oublier que l'empereur mythique Charlemagne avait nommé son épée Joyeuse. Perceval aurait dû s'en souvenir. Le passage de la *Chanson de Roland* est explicite : « Nous savons très bien ce qu'il en est de la lance qui blessa Notre Seigneur sur la Croix. Charles en possède la pointe grâce à Dieu. Il l'a fait enchâsser dans le pommeau d'or de son épée. À cause de cet honneur et de cette grâce, elle a reçu le nom de Joyeuse. C'est un devoir pour les seigneurs français de ne pas l'oublier. De là vient leur cri de guerre "Montjoie". »

Hélas, Perceval a oublié ce cri de ralliement et de salut. Il n'a pas brandi l'épée à pommeau d'or qui lui a été transmise, il n'est pas du petit nombre des âmes victorieuses qui goûteront la joie paradisiaque. Et bien sûr il est incapable de communiquer au roi infirme une joie dont lui-même est dépourvu.

Rude est le constat pour le Gallois. Le cœur lui a manqué et la parole lui a fait défaut. La vision du Graal s'éloigne, le Verbe ne retentit pas. Et le château s'évapore avec ses habitants hiératiques. Jamais plus le chevalier ne le retrouvera : il est désormais égaré, éconduit, livré à un monde sans lumière. J'aime cette *chance unique*, qui ne se présente qu'une seule fois dans l'existence parce qu'elle est justement sans pareille. Le « péché » de Perceval, et de tant d'humains, est de passer à côté de cette possibilité, de cette rencontre unique, autrement dit de se dérober au miracle.

Un terrible oubli

Plus que jamais, en cette époque de haine et de bassesse où s'engouffre le monde en dépit des efforts de paix et des actions humanitaires qui y sont tentés, la leçon du Graal doit être méditée. Comment, en effet, remédier à la misère de l'homme, de ce roi opulent devenu invalide et dont les terres sont inféconds, les eaux empoisonnées ? Quelle parole attend le roi qui souffre et qui a froid dans son beau château ?

Notre époque répond par les soins d'urgence et les premiers secours, nécessaires mais non suffisants. La plaie de l'humanité va s'élargissant, absorbant toutes les forces vives, et les malheurs, les horreurs que l'on ressasse ne laissent plus la moindre place à la joie. Tant que l'on ne prend en compte que ce côté-ci de la Vie, tant que l'on ne s'affaire que sur le seul plan terrestre, on s'épuisera sans fin, comme les Danaïdes avec leur tonneau. Perceval, c'est-à-dire chacun de nous, doit se demander : à qui sert-on le Graal ? Les propos de l'ermite qui évoque une nourriture impalpable et sacrée reviennent à dire que l'homme ne se nourrit pas que de pain.

Mais les mortels sont oublieux de Dieu et ils pensent avec arrogance pouvoir résoudre par leurs propres moyens les problèmes et les douleurs du monde. Et ils réduisent l'Amour à l'entraide sociale. Ils confondent la Source et les rivières. Se souvenir de Dieu, de la dimension transcendante de l'Amour, cela ne veut pas dire se rallier à une religion – religion qui peut elle aussi, en raison de son aspect humain et temporel, engendrer haine et conflits. C'est accomplir, pour soi, tout le chemin, ainsi que le proposent les divers récits initiatiques et les romans de chevalerie. Accomplir tout le chemin qui mène du roi invalide à la chambre où est servi le Graal, afin de témoigner en ce monde de l'autre côté de la Vie, du versant lumineux, invisible, où se tient le Roi « pur esprit ». Cela veut dire que je ne puis véritablement soigner le malade, secourir l'homme souffrant, que dans la mesure où moi-même je suis guéri, restauré dans mon intégrité, ma véritable royauté, dans la mesure où j'ai recouvré « joie et santé » pour être mort à moi-même et ressuscité.

Dans une lettre qu'elle adresse le 13 avril 1942 au poète Joë Bousquet, cloué au lit par une blessure de guerre à l'instar du Roi Pêcheur grabataire, Simone Weil médite sur l'histoire du Graal. Elle écrit : « Seul un être prédestiné a la capacité de demander à un autre "Quel est donc ton tourment ?" Et il ne l'a pas en entrant dans la vie. Il lui faut passer par des années de nuit obscure où il erre dans le malheur, loin de tout ce qu'il aime et avec le sentiment d'être maudit. Mais au bout de tout cela il reçoit la capacité de poser une telle question, et du même coup la pierre de vie est à lui. Et il guérit la souffrance d'autrui... »

Le chemin est long pour que le garçon sauvage et égoïste de la *gaste forest* s'éveille à l'Amour, apprenne à aimer. Au fur et à mesure qu'il progresse dans la voie chevaleresque, Perceval se montre de plus en plus sensible, touché par la tendresse, la grâce, la pitié, le sentiment d'adoration. Il essaie de réparer le mal qu'il a causé à sa mère, la faute qu'il a commise envers la demoiselle de la tente, il est profondément ému par la beauté de Blanchefleur puis par les calamités qui fondent sur le château de Beaurepaire, plus tard il entrera en ravissement devant trois gouttes de sang sur la neige... *Plus le cœur s'ouvre, plus il perçoit les Réalités divines.* Le désir devient offrande et le sentiment s'élève à la vision. Si devant le cortège du Graal le héros échoue à poser la juste question, c'est parce qu'il a instauré une séparation entre le roi blessé et lui, interposé un voile entre le vase de lumière et son être essentiel. Or, dans l'amour, dans la contemplation, dans la vision, on ne fait qu'un, « on » est un. Ce qui revient à dire : l'Un apparaît dans l'amour, dans la contemplation, dans la vision.

Qui guérit ? Qui aime ?

Et nous voici à nouveau confrontés à la Compassion, qui est un des noms de l'Amour. En français, le mot indique que le compatissant subit, souffre *avec* l'autre. Il y a toutefois une grande différence entre partager les douleurs d'autrui et les ressentir en soi. Dans le premier cas, le fardeau semble plus léger parce qu'il est divisé en deux. Dans le second cas, le compatissant et celui qui pâtit ne font qu'un, son mal est mon mal, donc si je me redresse et me restaure dans ma dimension seigneuriale, dans mon être céleste, le roi malade est en même temps rétabli, sauvé.

Contrairement à l'entraide ou à la solidarité, la Compassion n'est pas un sentiment humain. Elle est un attribut divin que quelques héros, certains saints manifestent en ce monde. Sur le plan terrestre, compatir veut dire souffrir avec l'autre. Mais du point de vue spirituel, être compatissant signifie que l'homme devient agent de la Compassion divine en ce monde : aussi cet homme ne peut-il être que parfait, et son cœur totalement éveillé à l'Amour. Tel est le chemin christique auquel est appelé, comme chacun de nous, Perceval. Telle est l'unique voie de guérison.

Le chevalier compatissant ne peut soulager autrui que parce qu'il s'est relié à son identité divine, parce qu'il se sent adoubé par Dieu et non plus par un seigneur terrestre, parce que désormais il se sait investi de la Compassion divine à mettre en œuvre en ce monde. Seul le Roi « pur esprit », caché dans la pièce d'à côté, a le pouvoir de sauver le roi blessé, son fils. Voilà pourquoi j'affirmais que Perceval ne peut poser la question que s'il connaît la réponse, si lui-même est devenu entièrement spiritualisé.

L'enjeu du haut combat, toujours à poursuivre, n'est pas tant d'aider ses congénères à survivre en ce monde sublunaire que de sauver et de transfigurer le monde en y témoignant de la Lumière éternelle, en y manifestant l'Amour. D'où les cris de ralliement propres à la chevalerie célestielle, « Montjoie » et « Amor ».

L'être compatissant n'a garde d'oublier que les valeurs humaines de bonté, de bienveillance, de tendresse, de générosité, découlent de l'Amour divin qu'elles ne sauraient remplacer ni voiler. Il ne s'attribue pas ces qualités mais, en se perfectionnant, en devenant pur, il devient digne de les manifester et de les mettre en œuvre.

La mortelle erreur du monde actuel – qui clame que Dieu est mort ou qui invoque Dieu pour perpétrer des infamies – est de croire qu'il se suffit, que l'homme est le recours de l'homme comme il a été le loup pour l'homme.

Ce faux humanisme dont se targuent de nombreux modernes et qui est l'inversion même de l'humanisme de la Renaissance n'étale qu'une suffisance tellement insuffisante… Tant que les humains penseront que l'Amour, la Beauté, le Bien, la Vérité viennent d'eux et sont des biens terrestres à partager, tant qu'ils nieront que ce sont des Réalités divines à honorer et à manifester ici-bas, le monde ira à vau-l'eau, s'affamant toujours plus.

Le chevalier spirituel sait que l'Amour n'est pas de ce monde – d'où la triste figure qu'arbore l'homme de la Manche –, mais il tente de toutes ses forces, de toute son âme d'en hâter le Règne. L'Amour est un attribut divin, Puissance créatrice et Compassion infinie. Dans son *Dialogue*, la grande Catherine de Sienne, mystique autant que combative, rapporte les propos que lui adresse le Seigneur et qui concernent chaque individu : « C'est par l'Amour que vous avez été faits. Si donc j'avais retiré par-devers moi mon amour, si je n'avais pas aimé votre être, vous ne seriez pas. Mais l'Amour, mon amour, vous a créés et mon amour vous conserve. »

Cela conduit tout héros à une grande humilité et à une éminente noblesse. La créature humaine n'est pas l'Amour, mais elle peut en devenir le pur instrument, le réceptacle joyeux – joueur de flûte, porteuse de graal –, en être le chevalier servant. Elle est conviée à cet insigne honneur, à la façon dont Perceval fut reçu somptueusement et hébergé dans le château mystérieux.

Je ne cesserai de répéter que le monde actuel a infiniment plus besoin de prophètes, de saints et d'amis de la sagesse que de thérapeutes en tout genre, et qu'il a infiniment plus besoin du Roi caché dans la Lumière que d'hommes politiques faiseurs de guerres et de paix.

Un Cœur éveillé à l'Amour désire aimer comme seul Dieu peut aimer. D'un Amour absolu. Un Fidèle d'Amour se sait le servant et le garant de l'Amour en ce monde. Inlassablement et avec joie il témoigne de cet Amour qui ne fait jamais défaut, qui n'est jamais défait.

Épilogue

S'étioler ou s'étoiler

« J'ouvris
des portes fermées.
Je brisai
les verrous de fer,
mon fer a rougi
et s'est liquéfié devant Moi.
Rien ne Me sembla plus fermé,
J'étais,
Moi,
la clef
de toute chose... »

ODES DE SALOMON

« Or, devinez... », comme disait volontiers le roi René d'Anjou, très féru d'alchimie. Qu'est-ce qui peut traverser, transpercer un corps sans le blesser ni le briser ?

La réponse à cette fine énigme n'est autre que : la lumière.

Encore faut-il que la matière soit devenue comme verre ou vitrail, translucide : transparence du cœur, corps spirituel. La chair spirituelle ne peut plus être blessée, elle rayonne de l'éternelle lumière dont est faite sa substance. À l'image du Graal, elle est à la fois, uniment, contenant et contenu. En cette Réalité invisible et glorieuse se résorbe toute blessure.

Dans le récit crépusculaire de *La Mort Artu*, composé aux environs de 1220-1240 par un auteur resté anonyme, le duel entre le roi Arthur et son fils félon Mordret dans les plates étendues de Salisbury signe la fin des temps aventureux et du royaume de Logres. Dans cette ultime bataille où s'affrontent les Bretons et les Saxons, ralliés à Mordret, les nobles chevaliers de la Table Ronde vont mourir et d'une façon certaine laisser les hommes orphelins.

Orphelins d'un monde de rêve et de beauté, d'amour et de vaillance, d'un monde entièrement tendu vers la lumière du Graal.

Le « gigantesque et douloureux carnage » que relate le récit s'achève avec la scène où « le père tua le fils et le fils blessa le père à mort ». Le roi Arthur se porte de toutes ses forces contre Mordret, le chevalier mauvais, et il le frappe si violemment que le fer de sa lance passe à travers le corps de l'adversaire après avoir déchiré les mailles de son haubert. Le chevalier Girflet est témoin de la scène. « L'histoire conte que, au moment où il retira la lance, un rayon de soleil passa à travers la plaie, si clairement que Girflet le perçut ; les gens du pays dirent de ce prodige qu'il avait été le signe de la colère de Notre Seigneur. »

La déchirure faite à la poitrine du félon va entraîner sa mort mais elle offre aussi une trouée au soleil de Dieu. Mordret va s'éteindre et le roi, mortellement frappé à la tête, s'éloigner de ce monde dans une barque « tout emplie de dames » qui est venue le chercher et qui l'emmène dans l'invisible île des fées, Avalon. Auparavant, sur ordre de son roi, Girflet a jeté l'épée Excalibur dans un lac, où une main mystérieuse s'en est emparée après l'avoir brandie trois ou quatre fois vers le ciel. Témoin de ces prodiges et le cœur tout chagriné, Girflet se fait ermite, mais il ne survit guère plus de dix-huit jours à son souverain.

Les portes de l'outre-monde

Il y a ceux qui meurent, et celui qui disparaît. Ce n'est pas du tout pareil. La disparition ici n'est pas un euphémisme pour atténuer la peine du trépas. Elle renvoie à Élie, à Hénoch, aux rares élus de Dieu qui furent ravis au Ciel sans laisser de traces ni de cadavre derrière eux. Dans plusieurs traditions, on parle d'un personnage royal ou de grande sainteté qui lors d'une bataille disparaît et demeure occulté à notre monde : ainsi du douzième Imâm pour les shi'îtes, ou du jeune roi Sébastien du Portugal... Ils sont vivants mais invisibles aux habitants de la Terre, à l'image du Roi du Graal.

Pour évoquer le trépas, on dit aussi : passer de l'autre côté. Or, ne passent de l'autre côté que ceux qui lui ont accordé foi, ceux qui, plus rarement, l'ont vu pendant leur existence terrestre. Ainsi, les différentes blessures que nous avons au long de ces pages scrutées et interrogées désignent des ouvertures, des possibilités de salut à qui ne reste pas tassé sur soi, enfermé dans sa douleur. Ce sont aussi bien des *portes de lumière*, comme le suggère le prodige du rayon de soleil traversant la plaie de Mordret. On retrouve cette idée dans un jeu de mots que fait en latin saint Bernard, méditant sur le Crucifié : le clou (*clavus*) qui a percé la chair de Jésus, aux mains et aux pieds, devient une clef (*clavis*) qui « ouvre le mystère de ses desseins ».

Je distinguerai trois percées successives, trois issues qui offrent d'accéder aux Demeures célestes : sortir de l'ego, quitter l'enveloppe corporelle, enfin se libérer de la caverne du monde.

La plupart des blessures reçues par les mortels tendent à faire émerger ceux-ci de leur moi étriqué et orgueilleux auquel ils sont violemment attachés et elles les invitent à regarder plus loin : c'est l'histoire d'Admète, de Philoctète, de Guigemar, entre autres. Les déchirures et lacérations mortelles qu'ont subies Marsyas et Actéon évoquent, quant à elles, le renoncement au corps périssable, une mort à soi-même qui se mue en extase mystique. Enfin, la troisième porte, définitive, qui se présente à l'âme dans son ascension lui permet de s'affranchir du monde, de la nature et de la temporalité, d'échapper au cycle de l'incarnation. Le Roi caché du Graal témoigne de cette ultime délivrance.

L'homme n'a pas d'autre choix que de s'étioler ou de s'étoiler. Ou il s'établit dans la prison d'ici, ou il va vers sa demeure. Le pèlerin spirituel, le chevalier aventureux se mettent en marche et ne cessent d'avancer jusqu'à voir se lever une aube certaine, jusqu'à humer le parfum d'une Rose hors saison.

Fulgurations

L'erreur est de croire que le monde est clos alors que ce sont nos perceptions, nos propres limites qui nous empêchent de discerner toutes les autres Sphères de l'invisible. Parfois, sous le coup d'une douleur, par la grâce d'un émerveillement, une échancrure se produit qui déchire notre opacité et permet d'aller voir de l'autre côté ; une brèche par laquelle la Lumière peut nous toucher. Pour les gnostiques, les étoiles du ciel figurent autant de trouées, autant de passages pour la remontée de l'âme.

Plusieurs récits inspirés mentionnent cette brèche salvatrice. Grâce à une fissure dans le mur du verger, Lancelot peut rejoindre Guenièvre en sa tour. En se glissant par une *frète* dans le rocher, Perceval parvient à une éminence d'où il voit surgir du val le Château du Roi Pêcheur. C'est aussi en suivant le « chemin caché » offert par le trou d'un rocher que Dante et Virgile, son guide, sortent de l'Enfer pour se diriger vers le monde supérieur : « Et nous sortîmes par là pour revoir les étoiles. »

Loin d'être une fiction ou une fantaisie, le Mythe lui-même opère une brèche dans le monde manifesté : il démystifie la réalité mensongère et fugace à laquelle les habitants terrestres s'arriment, pour offrir un passage à la fois vers les réalités suprasensibles et le monde intérieur. Il n'est pas la fin du voyage mais il s'avère un guide sûr, qui parfois fait la courte échelle.

En certains instants illuminés, la blessure qui marque toute existence n'est plus une douleur, une honte, mais un honneur, une visitation. La Beauté et l'Amour viennent au plus près de l'être par un souffle puissant, par des traits acérés, en ce lieu du Cœur où toute séparation est levée, où s'abolit en un éclair la distinction entre la déchirure et la grâce.

29 septembre 2004

Bibliographie

I. La faille, l'éveil

P. Bruckner, *L'Euphorie perpétuelle*, Grasset, 2000.
Grégoire le Grand, *Morales sur Job*, Le Cerf, Sources chrétiennes, 4 vol., 1989-2003.
J. Guitton, *L'Amour humain*, Aubier-Montaigne, 1947.
Jacopone de Todi, *Chants de Pauvreté*, Arfuyen, 1994.
C. Péguy, *Œuvres complètes*, Gallimard, La Pléiade, tome III, 1992.
E. de La Boétie, *De la servitude volontaire*, GF-Flammarion, 1983.
Évangile selon saint Matthieu, 22, 34 sq.
Platon, *Apologie de Socrate*, GF-Flammarion, 1997.
Marc Aurèle, *Pensées pour moi-même*, GF-Flammarion, 1992.
H.C. Andersen, *Contes*, Folio classique, 1994.
C. Perrault, *Contes*, GF-Flammarion, 1991.

II. Marcher entre terre et ciel

A. de Souzenelle, *Le Symbolisme du corps humain*, Albin Michel, 1991.
Les Tragiques grecs (Eschyle, Sophocle, Euripide), Robert Laffont, Bouquins, 2 vol., 2001.

Homère, *Iliade*, Livre de Poche, 1963.
Chanson de Roland, Folio, 1979.
Chrétien de Troyes, *Romans de la Table ronde*, Folio, 1975.
O. Paz, *Sor Juana de la Cruz*, Gallimard, 1987.
La Légende arthurienne, Robert Laffont, Bouquins, 1989.
Attâr, *Le Langage des oiseaux*, Albin Michel, 1996.
G. Bataille, *Œuvres complètes*, Gallimard, tome V, 1992.
Homère, *Odyssée*, Livre de Poche, 1960.
Évangile selon saint Jean, 20, 19 sq.

III. Philoctète, mon semblable, mon frère

B. Vergely, *La Souffrance*, Folio, 1997.
Les Tragiques grecs, op. cit.
S. Weil, *La Pesanteur et la Grâce*, Pocket, 1991.

IV. Humilité et compassion

Homère, *Iliade, op. cit.*
G. Nagy, *Le Meilleur des Achéens*, Le Seuil, 1994.
R. Boyer, *La Religion des anciens Scandinaves*, Payot, 1981.
R.I. Page, *Mythes nordiques*, Le Seuil, Sagesses, 1993.
E. Hillesum, *Une vie bouleversée*, Points-Seuil, 1995.
C. Manhes, J.-P. Deremble, *Le Vitrail du bon Samaritain*, Le Centurion, 1986.
Colette, *La Naissance du jour*, Flammarion, 1990.
Isaac le Syrien, *Œuvres spirituelles*, DDB, 1981.
O. Clément, *Sources*, Stock, 1999.
Gertrude d'Helfta, *Œuvres spirituelles*, Le Cerf, Sources chrétiennes, 1967-1968.
Hadewijch d'Anvers, *Visions*, OEIL, 1987.

V. Les rencontres capitales

J.-P. Roux, *Le Sang*, Fayard, 1988.
C. Perrault, *Contes*, *op. cit.*
Platon, *Le Banquet – Phèdre*, GF-Flammarion, 1964.
Virgile, *Bucoliques-Géorgiques*, GF-Flammarion, 1967.
Ovide, *Les Métamorphoses*, GF-Flammarion, 1966.
Hygin, *Fables*, Les Belles Lettres, 1997.
G. Bruno, *Des fureurs héroïques*, Les Belles Lettres, 1984.
Macaire le Grand, *Lettres à ses fils*, éd. de Bellefontaine, 1985.
Dom P. Miquel et sœur P. Picard, *Dictionnaire des symboles mystiques*, Le Léopard d'or, 1997.
Thérèse d'Avila, *Œuvres complètes*, tome 1, *Ma vie*, Le Cerf, 1982.
E. Dermenghem, *Vies des saints musulmans*, Sindbad, 1983.
Rûmî, *Odes mystiques*, Le Seuil, Sagesses, 2003.
—, *Rubâi'yât*, Albin Michel, 1987.
A. Green, *La Sagesse dansante de Rabbi Nahman*, Albin Michel, 1999.
Jean de la Croix, *Œuvres spirituelles*, Le Cerf, 1990.
Hadewijch d'Anvers, *Amour est tout*, Téqui, 1984.
—, *Écrits mystiques des Béguines*, Le Seuil, Sagesses, 1994.
Angèle de Foligno, *Le Livre des visions et instructions*, Le Seuil, Sagesses, 1991.
Mechthild de Magdebourg, *La Lumière fluente de la Divinité*, éd. J. Millon, 2001.
Madame Guyon, *Récits de captivité*, éd. J. Millon, 1991.
J. Bouflet, *Les Stigmatisés*, Le Cerf, 1996.
Hâfiz, *Le Livre d'or du divân*, Laffont-Seghers, 1980.

VI. Amour vermeil

G. Bataille, *Œuvres complètes, op. cit.*, tome VIII, 1997.
A. Miquel, *Majnun et Layla*, Sindbad, 1999.
Attâr, *Le Livre de l'épreuve*, Fayard, 1981.
—, *Le Livre divin*, Albin Michel, 1990.
A. Machado, *Champs de Castille*, Poésie-Gallimard, 2001.
J. Roubaud, *Les Troubadours*, Seghers, 1971.
P. Bec, *Anthologie des troubadours*, UGE-10/18, 1979.
—, *Chants d'amour des femmes-troubadours*, Stock, 1995.
N. Hikmet, *Il neige dans la nuit*, Poésie-Gallimard, 1999.
B. Péret, *Anthologie de l'amour sublime*, Albin Michel, 1988.
Marie de France, *Lais*, Livre de Poche, Lettres gothiques, 1990.
Grimm, *Contes*, Folio, 1984.
Richard de Saint-Victor, *Les Quatre Degrés de la violente charité*, Vrin, 1955.
G. de Lorris et J. de Meun, *Le Roman de la Rose*, Livre de Poche, Lettres gothiques, 1992.
Rûzbehân, *Le Jasmin des Fidèles d'Amour*, Verdier, 1991.
Ibn Arabî, *Traité de l'Amour*, Albin Michel, 1986.
Aucassin et Nicolette, éd. Honoré Champion, 1995.
Chrétien de Troyes, *Romans de la Table ronde, op. cit.*
Tristan et Iseut, version A. Mary, Livre de Poche, 1966.
Tristan et Iseut, Livre de Poche, Lettres gothiques, 1989.
Chrétien de Troyes, *Le Chevalier à la charrette*, Livre de Poche, Lettres gothiques, 1992.
—, *Le Conte du Graal*, Livre de Poche, Lettres gothiques, 1990.
W. von Eschenbach, *Parzival*, UGE-10/18, 1989.
Grimm, *Contes, op. cit.*
R. Caillois, *L'Homme et le Sacré*, Gallimard, 1983.
O. Paz, *La Flamme double*, Gallimard, 1994.
Hâfiz, *Le Livre d'or du divân, op. cit.*

VII. Arracher la bénédiction

J. Eisenberg et A. Abécassis, *Jacob, Rachel, Léa et les autres*, Albin Michel, 1981.
L. Basset, *Sainte colère*, Bayard, 2002.
N. Kazantzaki, *Lettre au Greco*, Plon, 1961.
P. Celan, *La Rose de personne*, José Corti, 2002.
C. Chalier, *Traité des larmes*, Albin Michel, 2003.
R. Boyer, *La Religion des anciens Scandinaves*, *op. cit.*
R.I. Page, *Mythes nordiques*, *op. cit.*
Hadewijch d'Anvers, *Visions*, *op. cit.*
Jacopone de Todi, *Chants de Pauvreté*, *op. cit.*
Thérèse d'Avila, *Ma vie*, *op. cit.*
J. Bouflet, *Padre Pio*, Presses de la Renaissance, 2002.
Dom P. Miquel et sœur P. Picard, *Dictionnaire des symboles mystiques*, *op. cit.*

VIII. La Dame à l'onguent

Les Penseurs grecs avant Socrate, GF-Flammarion, 1964.
Ionesco, *Le Solitaire*, Folio, 1999.
G. de Montreuil, *Le Roman de la violette*, Stock, 1992.
Cervantès, *Don Quichotte de la Manche*, GF-Flammarion, 1969.
René d'Anjou, *Le Livre du Cœur d'Amour épris*, Livre de Poche, Lettres gothiques, 2003.
Dante, *La Divine Comédie*, Albin Michel, 1995.
J. Kelen, *Marie-Madeleine, un amour infini*, Albin Michel, 1982.
Chrétien de Troyes, *Le Conte du Graal*, *op. cit.*
R. Lulle, *L'Arbre de Philosophie d'Amour*, Aubier-Montaigne, 1967.
Ibn Arabî, *L'Interprète des Désirs*, Albin Michel, 1996.

IX. Le Cœur illuminé

W. von Eschenbach, *Parzival, op. cit.*
Chrétien de Troyes, *Le Conte du Graal, op. cit.*
H. Suso, *Œuvres complètes*, Le Seuil, 1977.
Angelus Silesius, *Le Pèlerin chérubinique*, Albin Michel, 1994.
Plotin, *Du Beau*, Presses-Pocket, 1991.
Chanson de Roland, op. cit.
Catherine de Sienne, *Dialogue*, Le Cerf, 1992.
H. Corbin, *En islam iranien*, Gallimard, tome II, 1971.
—, *L'Homme et son ange*, Fayard, 1983.

Épilogue. S'étioler ou s'étoiler

La Mort du roi Arthur, UGE-10/18, 1992.
H. Corbin, *En islam iranien, op. cit.*, tome IV, 1972.

Table

DU MÊME AUTEUR

Aux Éditions Albin Michel

Marie-Madeleine, un amour infini
Les Femmes de la Bible
Les Nuits de Schéhérazade
Les Reines noires : Didon, Salomé, la Reine de Saba

Aux Éditions Flammarion

Les Nouveaux Pères

Aux Éditions du Rocher

Éloge des larmes

Aux Éditions Robert Laffont

Aimer d'amitié
L'Éternel Masculin. Traité de chevalerie à l'usage des hommes d'aujourd'hui

Aux Éditions de La Table Ronde

Le Secret
Offrande à Marie-Madeleine
Le Désir ou la brûlure du cœur

Aux Éditions du Seuil

La Déesse nue. Contes de la belle au bain

Aux Éditions Anne Carrière

Propositions d'amour
Les Femmes éternelles : Antigone, Dulcinée, Nausicaa, Mélusine...

Aux Éditions Alternatives

Le Sein
La Main
Le Sommeil
Frissons et pâmoisons

Aux Éditions des Presses de la Renaissance

La Faim de l'âme. Une approche spirituelle de l'anorexie

Aux Éditions Oxus

Le Bonheur

Aux Éditions de La Renaissance du Livre

L'Esprit de solitude
Les Femmes de la Bible (nouvelle édition)
Du sommeil et autres joies déraisonnables
Marie-Madeleine ou la beauté de Dieu (livre d'art)
L'Esprit de solitude et les peintres (livre d'art)
Le Manteau de Magnificence

OUVRAGES COLLECTIFS (sélection)

Les Nuages et leur symbolique (direction et collaboration), Albin Michel
Histoire de la passion amoureuse, Philippe Lebaud

Composition IGS
Impression Bussière en mars 2005
Editions Albin Michel
22, rue Huyghens, 75014 Paris
www.albin-michel.fr
ISBN 2-226-15700-X
N° d'édition : 23454. – N° d'impression : 050993/4.
Dépôt légal : février 2005.
Imprimé en France.